Anna Katharina Emmerick:

Ihr Leben – Ihre Seligsprechung – Ihre Ausstrahlung

D1726506

Anna Katharina Emmerick

Ihr Leben – Ihre Seligsprechung – Ihre Ausstrahlung

Herausgegeben im Auftrag des Bistums Münster

dialogverlag Münster

Bibliografische Information Der Deutschen Bibliothek
Die Deutsche Bibliothek verzeichnet diese Publikation in der
Deutschen Nationalbibliografie; detaillierte bibliografische
Daten sind im Internet über http://dnb.ddb.de abrufbar

Herausgeber: Bistum Münster

ISBN 3-933144-96-5

1. Auflage

© 2004 by dialogverlag Münster

Inhalt

Den Mitmenschen in Liebe begegnen

Bischof Reinhard Lettmann schätzt Selige wie Anna Katharina Emmerick, weil sie Mut machen, sich auf den Weg Jesu einzulassen

Wer ist Anna Katharina Emmerick?

Anna Katharina Emmerick wurde am 8. September 1774 in der Bauernschaft Flamschen bei Coesfeld geboren. Inmitten einer Geschwisterschar von neun Kindern wuchs sie auf. Schon früh musste sie im Haus und bei der Landarbeit helfen. Ihr Schulbesuch war kurz. Umso mehr fiel es auf, dass sie in religiösen Dingen gut unterrichtet war. Schon früh bemerkten die Eltern und alle, die Anna Katharina Emmerick kannten, dass sie sich in besonderer Weise zum Gebet und zum religiösen Leben hingezogen fühlte.

Nach einigen Jahren Arbeit auf einem Bauernhof und als Näherin verwirklichte sich im Jahr 1802 ihr Wunsch, in ein Kloster eintreten zu können. Doch schon nach wenigen Jahren wurde das Kloster der Augustinerinnen in Dülmen im

Zuge der Säkularisation im Jahre 1811 aufgehoben. Anna Katharina Emmerick fand Aufnahme im Haus eines französischen Priesters, der infolge der Französischen Revolution Frankreich verlassen musste.

Schon bald wurde Anna Katharina Emmerick krank. Über lange Jahre konnte sie das Krankenbett nicht mehr verlassen. Sie starb im Jahr 1824.

In den Jahren ihrer Krankheit empfing Anna Katharina Emmerick die Wundmale Jesu. Der Ruf, dass sie die Wundmale Jesu trug und Visionen hatte, verbreitete sich über Dülmen hinaus. Viele Menschen, nicht nur aus der näheren Umgebung, sondern auch von weit her, unter ihnen auch Persönlichkeiten, die in der kirchlichen Erneuerungsbewegung zu Beginn des 19. Jahrhunderts von Bedeutung waren, suchten die Begegnung mit ihr in ihrem Krankenzimmer. Von besonderer Bedeutung wurde die Begegnung mit Clemens Brentano. Aus seinem ersten Besuch 1818 wurde ein fünfjähriger Aufenthalt in Dülmen. Täglich besuchte er Anna Katharina, um ihre Visionen aufzuzeichnen, die er später veröffentlichte. Seine Veröffentlichungen machten Anna Katharina Emmerick weit über Deutschland hinaus bekannt.

Was bedeutet eine Seligsprechung?

In unserem Glaubensbekenntnis nennen wir die Kirche die Gemeinschaft der Heiligen. Sie ist die Gemeinschaft derer, die durch Glaube und Taufe zu Christus gehören und in seinem Geist miteinander verbunden sind. Weil Gottes Heiliger Geist sie eint, nennen wir sie die Gemeinschaft der Heiligen.

Diese Gemeinschaft endet nicht mit dem Tod. Wir glauben an die bleibende Gemeinschaft mit den vielen, die ihr ewiges Ziel bei Gott erreicht haben.

Seit frühester Zeit hat die Kirche bestimmte Christen als Heilige verehrt und im Glauben von ihnen bekannt, dass sie endgültig bei Gott sind. Wir verehren sie als Vorbilder und gültige Beispiele christlichen Lebens. Sie machen uns Mut, dass auch wir uns auf den Weg Jesu einlassen.

Dabei rufen wir ihre Fürbitte an in dem gläubigen Bewusstsein, dass das fürbittende Gebet der Schwestern und Brüder, die ihr Ziel bei Gott erreicht haben, von besonderer Bedeutung ist.

Die Seligsprechung stellt uns Anna Katharina Emmerick als glaubwürdige Zeugin christlichen Lebens vor Augen.

Selig- und Heiligsprechung

Was ist der Unterschied zwischen Seligsprechung und Heiligsprechung?

Die Seligsprechung stellt einen Menschen als Bild und Beispiel christlichen Lebens für die Kirche eines Landes oder eines Bistums oder für eine bestimmte Gemeinschaft heraus.

Die Heiligsprechung dehnt diese Verehrung auf die ganze Weltkirche aus.

Was hat uns Anna Katharina Emmerick heute zu sagen?

Das Leben Anna Katharina Emmericks ist geprägt von einer tiefen Christusverbundenheit. Sie liebte es in ihrer Jugend, vor dem berühmten Coesfelder Kreuz zu beten. Häufig ging sie den großen Kreuzweg.

Sie nahm persönlich so sehr teil am Leiden des Herrn, dass es nicht übertrieben ist zu sagen: »Sie lebte, litt und starb mit Jesus Christus«. Ein äußeres Zeichen dafür, das aber zugleich mehr als ein bloßes Zeichen ist, sind die Wundmale, die sie trug.

Das Leben Anna Katharina Emmericks weist uns hin auf die tiefe und grundlegende Dimension unseres christlichen Lebens, von der der Apostel Paulus sagt: »Wisst ihr denn nicht, dass wir alle, die wir auf Christus Jesus getauft wurden, auf seinen Tod getauft worden sind?. . . Wenn wir nämlich ihm gleich geworden sind in seinem Tod, dann werden wir mit ihm auch in seiner Auferstehung vereinigt sein« (Röm 6,3-5).

Gemeinschaft mit Jesus Christus, Verähnlichung und Vereinigung mit Jesus Christus: Das macht das Wesentliche unseres christlichen Lebens aus. Wir haben Gemeinschaft mit Jesus Christus im Leiden und im Tod. Wir werden Gemeinschaft mit ihm haben in der Auferstehung und in der Fülle des Lebens.

Diese geistliche Wirklichkeit gibt unserem Leben Halt und Trost. In dieser Christusverbundenheit ist alles, was uns im Leben trifft – Mühsal, Not, Leiden, Tod –, alles das, was uns häufig so sinnlos zu sein scheint und unser Leben angreift und zu zerstören droht, letztlich entmachtet. In der Verähnlichung und Vereinigung mit Christus wird es verwandelt zu unserem Heil. »Diese Verähnlichung mit dem erniedrigten und mit dem erhöhten Christus ist der unentbehrliche Schlüssel zum Verständnis des christlichen Daseins, um getröstet in dieser Zeit zu leben und zugleich sehnlich der endgültigen Vollendung entgegenzugehen« (Kardinal Hermann Volk).

Ein hervorstechender Zug im Leben Anna Katharina Emmericks ist ihre Liebe zu den Menschen.

Dr. Franz Wesener, der Arzt, der Anna Katharina Emmerick betreute und ihr ein treuer, selbstloser und helfender Freund wurde, überliefert ihre Worte: »Ich habe den Dienst an dem Nächsten immer für die höchste Tugend gehalten. In meiner frühesten Jugend schon habe ich Gott gebeten, dass er mir die Kraft verleihen wolle, meinen Mitmenschen zu dienen und nützlich zu sein. Und ich weiß jetzt, dass er meine Bitte erfüllt hat.«

Wie konnte Anna Katharina Emmerick, die jahrelang auf das Krankenzimmer beschränkt und an das Bett gefesselt war, den Nächsten dienen? Wo immer sie Not sah, suchte sie zu helfen. Noch auf ihrem Krankenlager fertigte sie Kleidungsstücke für arme Kinder an und freute sich, wenn sie ihnen damit helfen konnte. Obwohl ihr die vielen Besucher manchmal hätten lästig werden können, nahm sie alle freundlich auf. Sie nahm sich ihrer Anliegen im Gebet an und schenkte ihnen Ermunterung und Trost.

Der damalige Generalvikar Clemens August Droste zu Vischering nennt in einem Brief an den Grafen Stolberg Anna Katharina Emmerick eine besondere Freundin Gottes. Mit einem Wort des Theologen Hans Urs von Balthasar können wir von ihr sagen: »Sie warf ihre Freundschaft mit Gott in die Waagschale in der Solidarität mit den Menschen.«

Anna Katharina Emmerick kann uns Vorbild sein, unser christliches Leben in tiefer Verbundenheit mit Jesus Christus zu leben und nach seinem Beispiel mit offenem Herzen den Mitmenschen in Liebe zu begegnen.

Wir freuen uns über die Seligsprechung und bitten Anna Katharina Emmerick, dass sie ihre Freundschaft mit Gott in die Waagschale werfe mit uns und allen Menschen.

Stille Freude
– sichtbares Leid

Markus Nolte beschreibt die Seligsprechung in Rom am 3. Oktober 2004 durch den von schwerer Krankheit gezeichneten Papst Johannes Paul II.

So viel Licht war nie um sie. Über Anna Katharina Emmerick breitet sich der römische Himmel in tiefstem Blau. Und das Strahlen der Sonne ist man geneigt, »gnadenlos« zu nennen – wenn sich das nicht verböte angesichts dessen, was an diesem Sonntag auf dem Petersplatz vonstatten geht: die Seligsprechung der »Mystikerin des Münsterlandes«, einer Frau, die es wahrlich nicht leicht hatte in ihrem Leben, und der Lust an der Sonne so fern war, wie vermutlich rein geographisch Rom und der Vatikan.

Eine Biographie voller Hindernisse, Kränkungen, Beschränkungen – und wirklicher, körperlicher Krankheit, tiefstem Leiden, Schmerzen, Qualen. Dazu mystische Erfahrungen, Visionen. Ein Leben zusammengenommen, das viel an Düsternis und Dunkelheit vermittelt – auch, weil die kleinen Fenster und niedrigen Decken im Kötterhaus kaum

Licht hereinließen. Und nun, an diesem sonnigen Sonntag in Rom, weit weg von Flamschen, Coesfeld, Dülmen, weit weg von 1774 und 1824, fern ihrer Lebenszeit – das volle Strahlen.

So etwas geht nicht auf Anhieb zusammen. Mystik lässt sich nicht leichtfüßig, unbeschwert und schon auf den ersten Blick vermitteln – erst recht nicht an einem Ort wie dem Petersplatz, der doch vor allem öffentlich, Bühne der Verkündigung und Präsentation guter Vorbilder ist.

Die Ordensfrau rangiert vor dem Kaiser

Innerlichkeit auf der einen Seite, liturgisches und heiliges und darstellendes Spiel gleichermaßen auf der anderen Seite – eine Spannung, die den Festgottesdienst durchzieht: das Bild einer im besten Wortsinn einfachen Frau an der Petersbasilika in Rom.

Eine Hochliturgie in konzentrierter Reinform, mit großen Einzügen und vielfachen Prozessionen, mit großer Dramaturgie, weit ausladenden Riten und politisch austariertem Protokoll, mit Bischöfen und Kardinälen, mit Heerscharen von Ministranten und Priestern, mit Chören, Kantoren, Instrumentalisten und einer echten Königin, Fabiola aus Belgien – auch wenn die nicht Anna Katharina Emmericks wegen gekommen ist, sondern in Ehrerbietung Karl I. gegenüber, der mit ihr und drei weiteren vorbildlichen Christen selig gesprochen wird.

Das Bildnis des letzten Kaisers von Österreich und Königs von Ungarn hängt gleichwohl ganz außen, direkt neben dem der Emmerick. Die Reihenfolge in der römischen Kirche ist nicht beliebig – mit Hierarchien nimmt man es genau im Vatikan. Und denen gemäß ist Karl I., mag er auch Kaiser und König zugleich gewesen sein, dem protokollarischen Bilderrang nach eben Laie und hat am Ende der Seligen dieses Feiertages seinen Platz.

Unten, auf dem Petersplatz, sieht das anders aus – die herzoglichen Angehörigen haben es hinbekommen, exklusiv, als Einzige jenen Platz zur Rechten des Papstaltares einzunehmen, der für gewöhnlich Nahestehenden aller neuen Seligen gebührt. Als nur sie am Ende der Feier zum Papst geführt werden, mischt sich Politik in die Feier. Gelinde gesagt: das passt nicht.

Verhaltener Jubel

Ob Anna Katharina sich daran gestört hätte? Überhaupt: Was mag sie »denken« darüber, dass sie nun selig ist? Oder sind solche Fragen naiv und eben darum müßig? – So, wie ihr Bild da hängt an der Fassade der Petersbasilika, kommen solche schlichten Fragen von selbst. Sie schaut nämlich, anders als die anderen Seligenbilder, ein bisschen wie von einer anderen Welt herab auf das, was da unter ihr auf dem Petersplatz geschieht. Zwischenzeitlich, bevor das Protokoll das vorgesehen hatte, lugt sie hinter dem vom aufkommenden Wind bewegten Gobelin hervor. Sie ist dabei.

Voll ist er nicht geworden, der Petersplatz, und die aufgestellten Stühle verraten, dass man wenngleich nicht mit Massen, so doch mit einigen Mitfeiernden mehr gerechnet hatte. Dass der Jubel von dort nicht überbordend rauscht, macht ihn sympathisch, und das hat beileibe nichts damit zu tun, dass Westfalen unter den Gläubigen sind.

Diese Feier der Seligsprechung am Morgen des 3. Oktober 2004 durchzieht eine tiefe Freude, keine Frage. Aber eben eine stille Freude (wie Freude eben ist) – anders, als man das sonst auf der Piazza San Pietro und bei ähnlichen Anlässen gewohnt ist.

Vorlaute Samba-Rhythmen

Natürlich: Als Papst Johannes Paul II. zu Beginn des Gottesdienstes in seinem Papamobil zur Liturgie einfährt – vorbei an farbenfroh uniformierten Reitersleuten aus Ungarn –, da rufen ihm einige »Viva il Papa« zu und winken, was das Zeug hält, schwenken große Fahnen und ihre je nach Seligen-Delegation unterschiedlich bunten Schals und freuen sich aus vollem Herzen, den Papst zu sehen, nicht selten zum ersten Mal.

Ein Gruppe von jungen Musikern aus Brasilien schnappt sich Trommeln und Trompeten und übertönt mit Samba-

Rhythmen den getragenen Choralgesang der vatikanischen Scholasänger; allerdings nur zehn Takte lang – bis herbeieilende, wild gestikulierende Herren in dunklen Anzügen die Ordnung wieder herstellen. Sonst, muss man eingestehen, hätten sie auch nicht viel zu tun.

Der Papst selber sagt nicht viel mit eigener Stimme bei dieser Feier. Er eröffnet den Gottesdienst, er spricht die offizielle Formel der Seligsprechung, er trägt die ersten und später die letzten Zeilen seiner Predigt vor; aber er zelebriert nicht einmal selber am Altar, sondern überlässt dies dem Präfekten der Kongregation für die Heiligsprechungen, Kardinal José Saraiva Martins, und folgt der Eucharistie von einigen Metern seitlich des Altares aus.

Der kniende Papst

Sobald er von seinem fahrbaren Papststuhl auf den herbeigeschafften Betschemel bewegt wird, klicken die Kameras der unbarmherzigen Magazin-Presse ohne Unterlass. Der Papst nimmt das in Kauf; der Papst will knien, er lässt sich nicht feudal die Messe lesen.

Johannes Paul II. mag ein Papst der Medien, der Reisen, der Papst aus dem Osten sein – er ist vor all dem der kniende Papst.

Indes: Das, was Johannes Paul II. selber sagt, kann man kaum verstehen, er atmet schwer, und manchmal bricht plötzlich und laut ein Wort regelrecht aus ihm heraus, so viel Kraft muss und will er aufbringen. Und dennoch: Der Papst ist da, er zeigt sich, er feiert mit den Gläubigen zusammen die neuen Seligen – und er verbirgt nicht, dass er krank ist, dass er leidet.

Mag gut sein, dass ihm das angesichts dieser Seligen erleichtert wird. Die Menschen auf dem Petersplatz jedenfalls sehen ihm das nicht nur nach; viele bangen, ob er durchhält, bewundern seinen Mut, seine Entschlossenheit, seinen trotz Gebrechlichkeit eminent wichtigen Dienst: nicht weniger als da zu sein. Fanal einer Welt, die sich doch nicht nur mit äußerer Perfektion und schönem Schein begnügt.

Dieser Papst ist selber Botschaft, er kratzt selbst am perfekten »Styling« dieser Feier – und ist doch so nah an ihrem eigentlichen Kern, der Feier von Tod und Auferstehung Christi.

Fünf neue Selige

Ohnehin entsteht an diesem Tag der Seligsprechung eine unerwartete Verbundenheit zwischen ihm und den fünf neuen Seligen: Pierre Vigne, französischer Ordensgründer und unermüdlicher Volksmissionar, der am Ende eines ausgefüllten und zugleich kontemplativen Lebens erschöpft von seinem lebenslangen Einsatz krank wird und bald darauf stirbt; Joseph-Marie Cassant aus Frankreich, ein Trappisten-mönch, der aus schweigender Stille und aus der Eucharistie lebte und schon mit 25 Jahren starb; Maria Ludovica de Angelis, eine italienische Ordensfrau, die sich im Dienst an armen und kranken Kindern aufrieb; Kaiser Karl I., der bei allen politischen Bedenken in Österreich gegen diese Selig-sprechung allemal ein zutiefst frommer, betender, beinahe kontemplativ und an seinem Lebensende im Exil auf Madei-ra lebender Mann war, der mit 32 Jahren krank starb – und natürlich Anna Katharina Emmerick.

Der Geist der Stärke

Fünf Leben, alle eher still als schrill, von tiefer Innerlich-keit und allesamt mit dem Schweren menschlichen Lebens vertraut.

Auch die Lesungen der Messfeier lassen keine Flucht vor solch gewichtigen Gedanken zu. Der Prophet Habakuk klagt über Gewalt, die ihm widerfährt, und über das Schweigen Gottes. Der Timotheusbrief ermutigt aus dem Gefängnis mit seinem Bekenntnis zu jenem Gott, der nicht den Geist der Verzagtheit, sondern den der Stärke gegeben hat.

Und im Evangelium bitten die Jünger Jesus um Kraft für ihren Glauben; der jedoch legt ihnen das schwere Wort in den Mund: »Wir sind unnütze Sklaven; wir haben nur unsere Schuldigkeit getan.«

Das ist alles andere als leichte Kost, die wie die Mystikerin des Münsterlandes der Arbeit der Auseinandersetzung bedarf, um zum Kern zu gelangen. Davon vermag kein mediterraner Himmel generös etwas zu erlassen, nicht einmal im Glanz einer feierlichen Seligsprechung auf dem Petersplatz in Rom.

Diese Feier nimmt es mit dem harten Kern auf – durch die Lesungen, durch die neuen Seligen, durch den Papst selber.

In seiner Predigt bindet er diese spannungsreichen Motive in der Person Anna Katharina Emmericks, spricht von ihrer materiellen Armut, der ein »reiches inneres Leben« gegenüber stehe. »Wie die Geduld im Ertragen ihrer körperlichen Schwäche beeindrucken uns die charakterliche Stärke der neuen Seligen und ihre Festigkeit im Glauben.«

Kraft in der Stimme

Man weiß, dass Johannes Paul II. die Mystikerin des Münsterlandes schon lange kennt. Als Bischof Reinhard Lettmann ihm Anna Katharina Emmerick formell vorstellt, hält er sich wenig mit Äußerlichkeiten wie rein biographischen Daten und literarischen Überlieferungen durch Clemens von Brentano auf, sondern konzentriert sich auf das Wesentliche ihres Lebens, ihrer Botschaft: »Zum Herzen des Glaubens gehen!«, ruft er mit viel Kraft in der Stimme – wie immer als Einziger der Bischöfe ohne Manuskript, mit weit ausgebreiteten Armen. »Zum Herzen des Glaubens gehen – dabei, Heiliger Vater, kann Anna Katharina Emmerick uns Wegbegleiterin sein.« Sie sei ein Vorbild christlichen Glaubens durch ihre Innerlichkeit, ihre biblische Spiritualität, ihre Christusverbundenheit. Davon lebe die Kirche. Von Menschlichkeit und Herzlichkeit lebe die Welt. Da brandet Applaus auf, nicht nur bei den Pilgern aus dem Bistum Münster – aber bei denen besonders; und nun sind sie es, die strahlen und begeistert sind, vom Bischof und von ihrer neuen Seligen.

Damit sind die Begeisterungsstürme der »Bistum-Münster-Gruppe« aber auch schon ausgeschöpft. Ohnehin bleiben die rund 1500 Gläubigen eine eher bescheidene Gruppe: Sie sitzen nicht im Pulk, sondern verstreut zwischen den anderen Mitfeiernden aus aller Welt – und ihre pastellgrünen Schals sind so gar nicht geeignet, sie schon von weitem auszumachen auf dem Petersplatz.

Viele junge Menschen auf dem Petersplatz

Bei einer Seligen wie der Kötterstochter Anna Katharina Emmerick wären protzende, auf Außenwirkung orientierte Farbenexplosionen auch weder sinnig noch stimmig gewesen. Umso überraschender, wie viele junge Leute auf dem Petersplatz bei der Feier sind – vor allem Pfadfinder und nicht zu vergessen die Messdiener und Messdienerinnen aus Coesfeld und Dülmen.

Papst Johannes Paul II. konzentriert sich auf das Wesentliche der Eucharistie. In seiner Predigt erinnert er daran, dass Anna Katharina Emmerick in all ihrer Schwachheit aus der Eucharistie ihre Kraft bezogen habe: »So hat ihr Beispiel die Herzen armer und reicher, einfacher und gebildeter Menschen für die liebende Ganzhingabe an Jesus Christus erschlossen.«

Das zentrale Geheimnis der Eucharistie

Und schon zu Beginn der Feier sagte er, im Leben der fünf neuen Seligen manifestiere sich das zentrale Geheimnis der Eucharistie als Quelle der Nächstenliebe und der Mission. Diese Seligsprechung ist für ihn mehr als ein Geschenk für fünf Bistümer der Weltkirche.

Vielmehr ordnet er diese Feier ein in den beginnenden Monat der Weltmission und in das »Eucharistische Jahr«, das er am 17. Oktober eröffnen wird. Anna Katharina Emmerick und die vier weiteren neuen Seligen hätten erfahren, dass Gott in Jesus Christus »unserem irdischen Weg einen Horizont der Ewigkeit« eröffnet hat.

Das, sagt Johannes Paul II., sei und bleibe das Stabile, das Tragende im Lauf der Zeit: »Die neuen Seligen haben sich vom Wort Gottes führen lassen wie von einem hellen und sicheren Leuchtturm, der nie aufgehört hat, ihnen den Weg zu leuchten.«

Im Gegenteil: Für Anna Katharina Emmerick – die neue Selige – führte er vom Dunkel ins Licht, vom düsteren Köttershaus in den strahlenden Sonnenschein über dem Petersplatz in Rom.

Ein Werk der göttlichen Gnade

Papst Johannes Paul II. würdigte in seiner Predigt während der Seligsprechungsliturgie die Festigkeit im Glauben von Anna Katharina Emmerick

Die selige Anna Katharina Emmerick hat »das bittere Leiden unseres Herrn Jesu Christi« geschaut und an ihrem Leib erfahren. Dass aus der Tochter armer Bauern, die beharrlich Gottes Nähe suchte, die bekannte Mystikerin des Münsterlandes wurde, ist ein Werk der göttlichen Gnade. Ihrer materiellen Armut steht ein reiches inneres Leben gegenüber. Wie die Geduld im Ertragen ihrer körperlichen Schwäche beeindrucken uns die charakterliche Stärke der neuen Seligen und ihre Festigkeit im Glauben.

Die Kraft dazu bezog sie aus der heiligsten Eucharistie. So hat ihr Beispiel die Herzen armer und reicher, einfacher und gebildeter Menschen für die liebende Ganzhingabe an Jesus Christus erschlossen.

Noch heute vermittelt sie die erlösende Botschaft: Durch Christi Wunden sind wir geheilt (vgl. 1 Petr 2, 24).

Herr Jesus Christus,

du hast das Leben deiner Dienerin Anna Katharina
durch eine innige Anteilnahme
an deinem bitteren Leiden gezeichnet
und ihr eine tätige Liebe zu armen und bedrängten
Menschen ins Herz gesenkt;
lass sie für uns Fürsprecherin sein im Himmel,
die wir hier auf Erden ihr Gedächtnis begehen.
Der du lebst und regierst.
Amen

Viele fanden Trost
und Hilfe bei ihr

Bischof Reinhard Lettmann stellte bei der Seligspre-
chungsfeier in Rom Anna Katharina Emmerick vor
und betonte ihre tiefe Verbundenheit mit dem lei-
denden Christus

»Aller au coeur de la foi«, so beginnt ein Pastoralwort der
französischen Bischöfe: »Zum Herzen des Glaubens gehen.«
Dabei kann, lieber Heiliger Vater, Anna Katharina Emmerick
Wegbegleiterin sein.

1774 wurde sie in armen Verhältnissen in Coesfeld im Bistum Münster geboren. Nach langem Mühen ging der
Wunsch ihres Herzens in Erfüllung, Ordensfrau zu werden.
Doch schon nach wenigen Jahren wurde das Kloster der Augustinerinnen in Dülmen im Zuge der Säkularisation aufgehoben. Anna Katharina fand Heimat im Hause eines Priesters. Schon bald warf eine schwere Krankheit sie auf das
Krankenbett. 1824 ist sie gestorben.

»Zum Herzen des Glaubens gehen.« Im Herzen des Glaubens steht Jesus Christus. Das Leben Anna Katharinas war ge-

kennzeichnet durch eine tiefe Verbundenheit mit Jesus Christus, vor allem auch mit dem leidenden Herrn. Äußeres Zeichen dafür waren ihre Wundmale.

Anna Katharina lebte aus einer biblischen Spiritualität. Vor ihrem inneren Auge wurden die Bilder des Lebens Jesu und seiner heiligen Mutter lebendig – vor allem auch des leidenden Herrn.

Clemens Brentano, ein romantischer Schriftsteller, hat Anna Katharina in seinen Büchern weit über das Bistum hinaus in allen Sprachen und Völkern bekannt gemacht.

»Zum Herzen des Glaubens gehen«: So begegnen wir dem offenen Herzen Jesu. So hat auch Anna Katharina ihr Herz geöffnet für die vielen Menschen, die bei ihr Trost, Hilfe und Zuflucht suchten. Vor allem warf sie ihre Freundschaft mit Gott in die Waagschale in der Solidarität mit den Menschen in ihrem unablässigen Gebet.

Heiliger Vater, wir freuen uns, dass Sie uns heute Anna Katharina Emmerick als Vorbild christlichen Glaubens vor Augen stellen.

Spiritualität, Innerlichkeit, biblische Spiritualität, Christusverbundenheit – davon lebt unsere Kirche. Menschlichkeit, Herzlichkeit – davon lebt unsere Welt.

Ein neuer Stern
über dem Bistum

Bischof Reinhard Lettmann beschrieb im Dankamt am Tag nach der Seligsprechung im Petersdom in Rom, wie Anna Katharina Emmerick an der Sendung Jesu mitwirkte

Bei einer Pilgerreise ins Heilige Land traf ich in der Wüste Negev einen Dozenten der Universität Tel Aviv. Er saß nachts vor seinem Zelt mit einem Computer, auf dem er fünftausend Sterne gespeichert hatte, die er von diesem Ort aus am Himmel sehen konnte. So schaute er in die Sterne.

Sein Bild lässt an ein Wort aus der Lebensregel der Diakonissen von Reuilly denken: »Die Heiligen aller Zeiten sind unsere Weggefährten. So ist unser Himmel erfüllt mit Sternen, die sich einer nach dem anderen aufzählen lassen, während wir dem Schauen ohne Ende entgegengehen.«

Die Seligsprechung hat uns einen neuen Stern am Himmel über dem Bistum Münster aufleuchten lassen: Anna Katharina Emmerick. Dieser neue Stern hat eine dreifache Botschaft für uns.

Im Kapellenumgang im St.-Paulus-Dom sehen wir in einem Glasfenster von Meistermann hoch oben die vier Buchstaben des hebräischen Gottesnamens: Jahwe. Tief unten sehen wir die Erdkugel. Entfernt sich Gott immer mehr von der Erde? Entfernen sich die Menschen auf der Erde immer mehr von Gott, so dass schließlich nur die Buchstaben seines Namens übrig bleiben? Zwischen dem Namen Gottes in der Höhe und der Erdkugel tief unten sehen wir einen betenden Menschen. Er hält über den Menschen den Himmel offen, so dass sie Gott nicht aus dem Auge verlieren. Zugleich sehen sie im Licht Gottes auch den Menschen.

Den Himmel offen gehalten

Als betender Mensch hielt Anna Katharina Emmerick in der Zeit der Aufklärung, da viele Menschen Gott aus dem Blick verloren, den Himmel über den Menschen offen. Das zog viele Menschen an: schlichte Menschen des Alltags wie auch bekannte Persönlichkeiten des geistigen Lebens der damaligen Zeit.

Die erste Botschaft Anna Katharinas an uns ist: Seid betende Menschen! Haltet durch euer Gebet den Himmel über den Menschen offen! Wie notwendig das ist, zeigt uns die Diskussion um die Präambel der Verfassung des kommenden Europas, die nicht einmal vorsieht, den Namen Gottes noch zu nennen. Wo Gott im Blick bleibt, können wir auch den Menschen im Lichte Gottes sehen, in seiner Würde als Geschöpf Gottes, als Ebenbild Gottes.

Die zweite Botschaft Anna Katharina Emmericks: In der Lesung hörten wir die Worte des Apostels Paulus: »Christus will ich erkennen und die Macht seiner Auferstehung und die Gemeinschaft mit seinem Leiden; sein Tod soll mich prägen. So hoffe ich, auch zur Auferstehung von den Toten zu gelangen« (Phil 3, 10-11).

Gemeinschaft mit seinem Leiden – sein Tod soll mich prägen: Das ist im Leben von Anna Katharina Emmerick, die die Wundmale Jesu trug, sichtbare Wirklichkeit gewesen.

Ikone der Gemeinschaft

Vor einigen Jahren konnte ich das Grabtuch Jesu in Turin besuchen. Es zeigt die Umrisse eines Menschen, der darin eingehüllt war. Man sieht die Spuren der Wundmale an Händen, an den Füßen und an der Seite. Ob es wirklich das Grabtuch Jesu gewesen ist, lässt sich nach zweitausend Jahren nicht mehr mit letzter Sicherheit sagen, aber es ist, wie der Heilige Vater bei seinem Besuch in Turin sagte, eine Ikone, ein Bild dafür, dass Jesus Gemeinschaft mit uns Menschen hat bis hinein in das Leiden und den Tod.

Ich konnte mit einer Gruppe von kranken Menschen vor dieses Grabtuch treten. Eine kranke Frau betete für uns alle: »Herr Jesus Christus, Sohn des lebendigen Gottes, für uns und um unseres Heiles willen bist du vom Himmel herabgekommen. Für uns und zu unserem Heil hast du Gemeinschaft mit uns bis hinein in das Leiden und den Tod. Nun schenke du uns Gemeinschaft mit dir in der Auferstehung und in der Fülle des Lebens.«

Die Persönlichkeit Anna Katharina Emmericks weist uns hin auf diese tiefe Dimension unseres christlichen Lebens. Wir haben Gemeinschaft mit Jesus Christus im Leiden und im Tod, wir werden auch Gemeinschaft mit ihm haben in der Auferstehung und in der Fülle des Lebens. In dieser Christusverbundenheit ist alles, was uns im Leben trifft – Mühsal, Not, Leiden, Tod –, alles, was uns häufig so sinnlos erscheint und unser Leben angreift und zu zerstören droht, letztlich entmachtet. Nicht Leid, nicht Kreuz, nicht Tod: Nichts kann uns trennen von der Liebe Christi. Das gibt uns Hoffnung und Zuversicht.

Gesicht von Anmut

Unmittelbar nach den Worten der Seligsprechung durch den Heiligen Vater wurde das Bild Anna Katharinas am Petersdom enthüllt. Es zeigt sie mit einem Gesicht voll Anmut und Glanz.

Gregor von Nazianz (+390), ein großer Bischof der frühen christlichen Zeit, sagt im Hinblick auf die Liebe zu den Armen: »Was widerwillig und unter Zwang geschieht, hat nicht

Anmut und Glanz.« Anna Katharina hat im Maße des ihr Möglichen den Menschen geholfen, die zu ihr kamen und bei ihr Hilfe suchten. Sie tat es nicht widerwillig und gleichsam als lästige Pflicht, sondern mit Anmut und Glanz.

Wir können von ihr lernen, achtsam füreinander zu sein. Das bedeutet, nicht blind und teilnahmslos nebeneinander her leben, sondern einander wahrnehmen in Feinfühligkeit und Einfühlungsvermögen für das, was uns bewegt, was uns trägt, was uns froh macht oder bedrückt.

In der Lebensregel der Diakonissen von Reuilly heißt es: »Die Heiligen aller Zeiten sind unsere Weggefährten.« Wir bitten Anna Katharina Emmerick, dass sie mit ihrer Fürsprache bei Gott uns auf unserem Weg geleite.

Sie entfaltete unbewusst missionarische Wirksamkeit

Von Bischof Heinrich Mussinghoff

Anna Katharina Emmerick ist mir von Kindsbeinen an vertraut. Im Bauernhaus meiner Patentante habe ich zuweilen abends bei spärlichem Licht der Petroleumlampe – erst im Jahr 1953 gab es dort elektrisches Licht – in dem Buch »Das bittere Leiden unseres Herrn Jesu Christi« von Clemens Brentano gelesen.

Wenn wir als Kinder mit dem Fahrrad das benachbarte Coesfeld besuchten, standen wir zuweilen ehrfurchtsvoll vor dem gotischen Coesfelder Gabelkreuz in der Kirche St. Lamberti, in dessen Haupt eine Kreuzreliquie unseres Herrn eingelassen ist, die eine Schenkung Kaiser Karls des Großen sein soll.

Später sind wir dann häufiger den langen Kreuzweg gegangen, den Fürstbischof Christoph Bernhard von Galen hat anlegen lassen, um der großen Kreuztracht Gestalt und Entfaltung zu bieten, und der neben den üblichen Stationen den ganzen Prozess Jesu enthält. Coesfelder Kreuz und Kreuzweg sind zutiefst mit dem Leben von Anna Katharina Emmerick verbunden.

Wir kannten auch das Kötterhaus, in dem die Emmerick geboren wurde und gelebt hat, an der Straße nach Reken, in der Bauernschaft Flamschen. Damals war das Haus unbewohnt und galt als eine vergessene Gedächtnisstätte, das heißt es stand und lag alles so, als hätte die Köttersfamilie Emmerick es gerade verlassen; nur ein wenig verstaubt war alles.

Wir Kinder wussten genau, wie man durch die Tür des Schweinestalls seitwärts hineingelangen konnte. Wir standen in dem großen Raum des Hauses, der Mensch und Vieh beherbergte. Kesselhaken und Kessel über einem sonst offenen Feuer. Der Rauch musste durch das scheunenartige Tor abziehen. Bank, Tisch, Stuhl waren zu sehen und einiges Gerät.

Im Anbau gab es zwei Seitenkammern, in einer stand das Bett der Emmerick, geflochten aus Binsen, an der Wand auch ein Durk, ein Verschlag, hinter dem man schlief, Kreuz und Weihwasserbecken.

Hier hat Anna Katharina Emmerick auch genäht und mit dieser Arbeit etwas Geld erworben. Alles war in geheimnisvolles, dämmriges Dunkel getaucht, bis wir wieder hinauskrochen und unter alten Eichen blauen Himmel und strahlende Sonne sahen, grünes Gras, Marienblümchen und Veilchen.

Im April 1973 begleitete ich Bischof Heinrich Tenhumberg beim Ad-limina-Besuch nach Rom. Ich durfte nach der Audienz Papst Paul VI. begrüßen.

Den Seligsprechungsprozess wieder aufgreifen

Der Bischof hatte die Petition an den Heiligen Vater gerichtet, doch den im Jahr 1929 eingestellten Seligsprechungsprozess wieder aufgreifen zu dürfen, wozu der Papst seine Hilfe bot. Am nächsten Tag in der Seligsprechungskongregation hörten wir – dem Sekretär, einem Neapolitaner, sprudelte das Latein sozusagen aus dem Bauch –, dass 1929 die Akten ins Geheimarchiv des Sant' Ufficio gewandert waren mit dem Vermerk: »reponatur in archivio et ne amplius. . .«. Die Causa Emmerick solle im Archiv verbleiben und nie wieder hervorgeholt werden.

Aber Päpste haben das letzte Wort, und Papst Paul VI. gestattete am 18. Mai 1973, den Prozess wieder aufzurollen und dies mit der Weisung, das Leben und Wirken der Emmerick kritisch zu erforschen unter Ausblendung der Schriften des Dichters Brentano, der die Visionen der Seherin von Dülmen zwar bekanntgemacht hat, aber der der münsterländischen Mundart nicht mächtig war und mit den wissenschaftlichen Kenntnissen seiner Zeit und mit der dichterischen Begabung eines Romantikers dieses Phänomen der Seherin und ihrer Visionen zu fassen und eben auch nach seinen Erkenntnissen zu korrigieren suchte. Pater Dr. Josef Adam hat meisterhaft die Positio super virtutibus in drei dicken Folianten erarbeitet.

Am 7. Februar 1975 wurde durch eine bischöfliche Kommission das Grab der Emmerick nahe der Kreuzkirche in Dülmen geöffnet, in Anwesenheit des Bischofs unter Leitung von Domkapitular Dr. Paul Wesemann und mit Assistenz von Prälat Paul Ketteler und einer Medizinerkommission; ich hatte die Aufgabe eines Vertreters des Glaubensanwaltes (promotor fidei). Der evangelische Anatom Professor Rollhäuser hat später seinen Studenten immer wieder gesagt, wie genau und anatomisch exakt die katholische Kirche in solchen Fällen verfahre.

Gebeine vollständig erhalten

Die Berichte über die Bestattung, die nächtliche und heimliche Öffnung des Grabes durch ihre Freundin, die Dichterin Luise Hensel, und über die endgültige Bestattung wurden verlesen. Das Grab war gemauert, der Sarg weitgehend vermodert, die Gebeine aber vollständig erhalten. Schließlich fanden wir sogar die Bleitafel, klebend an vermodertem Holz, auf dem »A. Cat. Emmerick + 9 F. 1824« und das stilisierte Coesfelder Kreuz standen.

Die Gebeine wurden feierlich in der Krypta der Kirche Heilig Kreuz in Dülmen beigesetzt. Soweit einige persönliche Erinnerungen. Ich bin dankbar, dass ich diesen Prozess begleiten und fördern durfte, der 31 Jahre brauchte, um an sein Ziel zu gelangen.

Die Dülmener Gedenkstätte bewahrt Andenken an die Selige auf, Kleidungsstücke, Bücher, andere Utensilien, besonders auch Kindermützen und Kleidung, die sie für die Armen anfertigte und ihre Hauben, an denen man Blutspuren ihrer Stigmata sehen kann. Die Besuche dort haben mich stets sehr bewegt.

Leben in einer Zeit der Umbrüche

Wer war nun Anna Katharina Emmerick? Was war ihr Leben? Welche Bedeutung hatte sie in ihrer Zeit, für Kirche und Gesellschaft, für unseren Glauben heute?

Die Zeit, in der Anna Katharina Emmerick lebte, von 1774 bis 1824, war eine Zeit der Umbrüche. Die behäbige Zeit, wo es sich unterm Krummstab des Fürstbischofs gut leben ließ, war vorbei. Die Französische Revolution 1789 vertrieb die Geistlichen und Ordensleute aus Frankreich. Viele fanden Aufnahme in den westfälischen Fürstbistümern Münster und Paderborn, so Abbé Lambert und Pater Limberg OP, bei denen die Emmerick als Haushälterin Aufnahme fand.

Napoleons Truppen eroberten das Münsterland, und Jerome wurde König von Westfalen. Durch Dekret Napoleons 1812 wurden die Ordenshäuser aufgelöst. 1815 übernahmen die Preußen die Herrschaft, die nicht gerade einfühlsam mit der katholischen Bevölkerung umgingen und aufgeklärte preußische Zucht mitbrachten.

Fortschrittliches Schul- und Bildungswesen

Ferdinand von Fürstenberg hatte als Generalvikar und Minister die Münsterische Regierung geführt. Auch er hatte im Sinne einer gemäßigten katholischen Aufklärung Ordenshäuser aufgehoben und mit dem Besitz eine Universität und das Gymnasium Paulinum gegründet.

Die Fürstin Amalie von Gallitzin sammelte um sich den »Münsterischen Kreis«, zu dem Fürstenberg, die Brüder Kaspar-Max und Clemens August Droste zu Vischering, Bernhard Overberg und viele andere gehörten, die im Sinne einer katholischen Aufklärung mit einer fortschrittlichen Pädagogik das Schul- und Bildungswesen sowie die Lehrerbildung im Fürstbistum reformierten.

Die Preußen führten ein völlig verändertes, modernes Regierungssystem ein. Viele Regierungsbeamte waren nominell protestantisch, aber eher aufgeklärt, freigeistig, glaubenslos oder kirchenfeindlich. Vor allem Volksfrömmigkeit, Prozessionswesen, mystische Phänomene galten ihnen als Aberglaube und staatsgefährdend.

Die Bevölkerung hing dem alten Glauben an, allerdings oft in einer oberflächlichen äußeren Beziehung. Französische

Geistliche und Ordensleute mussten untergebracht und versorgt werden.

Es war eine Zeit, die Visionen, Stigmatisation und außerordentlichen religiösen Phänomenen fremd und feindlich gegenüberstand. Wahrlich keine Zeit, wo sich ein religiös-mystischer Mensch wie die Emmerick frei entfalten konnte. Und dennoch ist erstaunlich, wie sicher die Emmerick ihren individuellen Glauben in Freiheit ausformte gegen alle Verleumdung, Widerstände, Spott und Verachtung.

Eine Tochter armer Köttersleute

Was war nun ihr Leben? Anna Katharina Emmerick wurde am 8. September 1774 als Tochter armer Köttersleute, Bernd und Anna geb. Hillers, in der Bauernschaft Flamschen bei Coesfeld geboren und am gleichen Tag in der St.-Jacobi-Kirche zu Coesfeld getauft. Sie hatte noch acht Geschwister. Sie war ein körperlich zartes, aber geistig waches, temperamentvolles Kind, das schon bald Vieh hütete oder auf Acker und Feld half. Die Eltern waren fromm und arbeitsam. Doch das Leben war arm und karg. Sie erzogen »Anntrinken« in Gläubigkeit, Einfachheit und Pflichttreue.

Auffallend war die religiöse Aufgeschlossenheit des Mädchens. Neben Spiel und Arbeit pflegte sie eine selbstständige Frömmigkeit, in der sie das biblische Heilsgeschehen eigenartig bildhaft erlebte, wie eine Augenzeugin berichtet. Wohl war ihre Frömmigkeit zunächst nach dem Vorbild der Eltern von einer Sündenangst und dem Bild eines strengen und gerechten Gottes geprägt und überschattet.

Später zeigt sie ein geläutertes Gottesbild: »Seine Gerechtigkeit ist groß, aber seine Barmherzigkeit ist größer. Nur jene werden verdammt, die sich durchaus nicht bekehren wollen, aber die, welche nur ein Fünklein guten Willen haben, werden gerettet und die, welche eine besonders große Reue über ihre Sünden haben, sie aufrichtig beichten, so gut, als sie es können, und auf die unendlichen Verdienste unseres Heilands vertrauen, werden gleich selig, denn an ihre Sünden wird gar nicht mehr gedacht.«

Eifrige Lektüre der Bibel

Sie entwickelte bald eine große und starke Christusliebe, die geprägt war durch das Coesfelder Kreuz und den Coesfelder Kreuzweg. So wurde sie von Anfang an auf die Teilnahme an Christi Leiden und auf die stellvertretende Sühne gelenkt. Mit sieben Jahren ging sie zum ersten Mal zur Beichte und mit zwölf Jahren zur ersten heiligen Kommunion. Sie hatte, wie das damals auf dem Land üblich war, eine geringe Schulbildung. Nur vier Monate ging sie zur Schule, las aber eifrig in Bibel und Hauspostille.

1786 ging sie für drei Jahre als Hausmagd auf den benachbarten Hof des Verwandten Gerhard Emmerick, wo sie tüchtig und fleißig, aber auch zurückgezogen und scheu arbeitete. 1789 machte sie eine Lehre als Näherin bei Elisabeth Krabbe und zwei Jahre später eine weitere Lehrzeit in Coesfeld. Hier kam es zu einer vorübergehenden Krise ihres religiösen Lebens. Sie spürte, wie sie lau wurde und ihr die Religion weniger sagte.

1794 richtete sie im elterlichen Haus eine Nähstube ein und arbeitete als Wandernäherin auf den Höfen, wo sie gern auch die Leute und Kinder in religiösen Dingen unterwies. Sie war erfolgreich und konnte sich ein Lehrmädchen leisten. Maria Feldmann lernte nicht nur das Handwerk einer Näherin, sondern auch von der Frömmigkeit ihrer Lehrerin und älteren Freundin.

Immer schon hatte Anna Katharina in sich eine Sehnsucht nach dem Ordensleben gespürt. Aber welcher Orden nahm schon eine ungebildete Kötterstochter, die auch keine Aussteuer mitbrachte? Die Eltern versuchten ihr einzureden, mit dem Bruder auf Feste und Versammlungen zu gehen, damit sie durch eine Heirat versorgt würde. Doch nichts zog sie zu solchen Geselligkeiten.

Bei ihrer Suche nach einem Orden geriet sie an die Klarissen in Münster, die eine Orgelspielerin suchten. Also verdingte sie sich als Magd bei dem Organisten Söntgen in Coesfeld, um das Orgelspiel zu lernen. Doch daraus wurde nichts. Die Familie war arm, die Verhältnisse zerstritten, die Arbeit nie endend. Schließlich setzte sie ihre geringe Aussteuer ein, um der Familie zu helfen, wie sie immer Menschen in Not helfen wollte und Kleidung und Brot verschenkte. So wurden die Aussichten, ins Kloster zu gehen, wohin ihr Herz sie trieb, immer geringer.

Eine ungeliebte Ordensschwester

Wie wurde Anna Katharina Ordensfrau? Klara Söntgen, die Tochter des Hauses, suchte ebenfalls nach einem Kloster. Da tat sich bei den Augustinerinnen in Dülmen, im Kloster Agnetenberg, eine Möglichkeit auf. Klara aber wollte, von ihrem Vater unterstützt, nur gehen, wenn das Kloster Agnetenberg auch Anna Katharina Emmerick aufnähme. Schließlich nahm das Kloster beide auf. Aber die ungewollte Kötterstochter hatte bald unter den Nonnen zu leiden. Die Klosterdisziplin war schlecht und nachlässig.

Das längere Beten, die häufigere Kommunion, der geistliche Eifer Anna Katharinas wurde als Frömmelei und Täuschung verdächtigt. Obwohl sie sehr fleißig arbeitete, wurde dieser ihr Eifer gegen sie ausgelegt. Als sie ernstlich erkrankte, kümmerte sich die Pflegeschwester nicht um sie, so dass sie steifgefroren unter einer dünnen Decke ohne Hilfe vom Arzt Dr. Krauthausen angetroffen wurde. Es war ein Noviziat besonderer Leiden.

Anna Katharina ertrug Spott, Verdächtigungen, Nachstellungen, eine Schule der Demütigung und Verkennung. Am

Ende konnte niemand etwas gegen sie vorbringen, und sie musste nach den augustinischen Regeln angenommen werden. Am 13. September 1803 legte sie, 29-jährig, die Profess ab. Es waren der französische Geistliche Abbé Lambert und ihr Beichtvater Pater Limberg OP, die ihre religiösen Qualitäten erkannten.

Aber die Ablehnung der Nonnen blieb. Als sie sich 1805 durch den Sturz eines schweren Wäschekorbes auf sie ein Hüftleiden zuzog, war es Dr. Krauthausen, der ihr half. So lebte sie neun Jahre in einem Konvent, der sie grundlos ablehnte, weil sie arbeitsam war und religiös lebte. Trotz allem sagte sie später: »Ich war nirgends glücklicher als im Kloster.« Denn hierher hatte Gottes Berufung sie geführt. 1812 erließ Napoleon das Dekret zur Aufhebung der Klöster. »Jungfer Emmerick« verließ als Letzte das Kloster. Abbé Lambert nahm sie als Haushälterin gegen ein bescheidenes Salär an.

Wundmale und Schauungen

Die folgenden zwölf Jahre lebte sie unter ärmlichen Verhältnissen in der Stadt Dülmen. Bald wurde sie krank. Im November 1812 besuchte sie zum letzten Mal die Pfarrkirche. Von Fastnacht 1813 bis zu ihrem Tod 1824 war sie fest ans Bett gefesselt. Ihre Schwester Gertrud kam von 1812 bis 1821 ins Haus Lambert. Sie war nicht arbeitsam. Die zänkische Frau wurde eine echte Plage für Anna Katharina.

Schon 1812/13 hatte die Emmerick außergewöhnliche Schmerzen an Brust, Händen und Füßen. Die Wundmale Christi zeigten sich. Klara Söntgen bemerkte sie erstmals im Februar 1813. Plötzlich wurde weithin bekannt, die Jungfer Emmerick trage die Wundmale Christi, lebe ohne Nahrung und habe oft merkwürdige Schauungen.

Auch Dr. med. Franz Wilhelm Wesener hörte davon. Er, der glaubenslos und freisinnig geworden war, wollte den angeblichen Schwindel aufdecken und besuchte die Emmerick am 22. März 1813. Die Emmerick nahm ihn freundlich auf und erzählte ihm sein Leben und seinen fehlenden Glauben.

Nahezu völlige Nahrungslosigkeit

Dr. Wesener fand durch seine Patientin zum Glauben zurück und behandelte sie bis zum Tod. Er führte Tagebuch über ihren Gesundheitszustand, ihre Gespräche und Visionen, bis Brentano kam, eine der wichtigsten Quellen über ihr Leben. Dr. Wesener berichtete dem Dülmener Dechant Rensing, der seinerseits am 24. März 1813 den Generalvikar des Bistums Münster, Clemens August Droste zu Vischering (1773 bis 1845), unterrichtete, den späteren Kölner Erzbischof. Dieser kam schon am 28. März 1813 zusammen mit dem Arzt Professor von Druffel und dem Regens Dr. Bernhard Overberg (1754 bis 1826) nach Dülmen. Er ordnete eine kirchliche Untersuchung an.

Die Kommission untersuchte vom 10. bis 19. Juni 1813 die Echtheit der Wundmale und ihre Nahrungslosigkeit in ihrer Wohnung. Die Untersuchung endete mit der Feststellung: »Die Wunden bluten von selber, ohne menschliches Zutun und die Stigmatisierte lebt von beinahe völliger Nahrungslosigkeit.«

Jetzt setzte ein Strom von Besuchern ein, viele in Aufgeschlossenheit für ihre besondere Sendung, manche aber aus Neugier und Wundersucht. Diese Besuche waren Anna Katharina sehr lästig und quälend. Sie hat mehrfach gesagt, die Leiden nähme sie gern an, aber wäre dankbar, wenn die Stigmata nicht wären. Bei ihren beständigen Schmerzen waren das viele Fragen und die offene Neugier eine physische Qual und eine psychische Last, die sie zu bestehen hatte.

Im April 1817 kam der Frankfurter Arzt Dr. Christian Brentano (1784 bis 1851) an ihr Krankenbett. Er hatte eine Reliquie mitgebracht, die Anna Katharina sofort richtig identifizierte. Die Nachricht darüber löste eine wahre Experimentier- und Wundersucht aus, die sie quälte.

Begegnung von besonderer Eindringlichkeit

Generalvikar Clemens August Droste zu Vischering hatte sich von der Echtheit der Stigmata überzeugt und schrieb an Friedrich Leopold Graf von Stolberg (1750 bis 1819): »Ich hege die Überzeugung, dass sie eine besondere Freundin Gottes ist, wovon wir nichts gemerkt hätten, wenn sie Gott nicht gestempelt hätte; deshalb denke ich, hat Gott sie durch äußere Male als seine Freundin gestempelt.«

Schon am 22. Juli 1813 besuchte der 1800 zum katholischen Glauben konvertierte Graf Stolberg mit seiner Frau die Seherin und kehrte tief überzeugt von diesem religiösen Erlebnis auf Haus Sonderhausen zurück. In einem Brief bezeugt Graf Stolberg: »Ihr geistvoller Blick, ihre heitere Freundlichkeit, ihre lichtvolle Weisheit und ihre Liebe atmen aus allem, was sie sagt;..., sie zeigt hin aufs Höchste, auf eine in allen Handlungen, Worten und Empfindungen waltende Liebe zu Gott und auf Duldsamkeit gegen alle, Liebe zu allen Menschen.«

Die kranke und leidende Frau, die unter den widrigen Umständen in ihrer Umgebung viel zu leiden hatte, spendete nach Kräften den Besuchern Glaubenshilfe und Trost und suchte durch eifrige Näharbeiten und Weitergabe von Geschenken den Armen zu helfen. Ihre eigentliche Bestimmung aber sah sie in der geduldigen Hinnahme ihrer Leiden für die Mitmenschen und für die Kirche. Anna Katharina sagte einmal: »Gesichte machen niemanden selig. Man muss Liebe und Geduld und die anderen Tugenden üben.«

Häufiges Gebet für Leidende

Intensiv betet sie für die, die ihr Leben und Leid anvertrauen: »Ich bete wenig für mich, aber viel für die, welche

46

sich meinem Gebet empfehlen und am meisten für die Sünder, die es noch nicht erkennen, wie elend sie sind.« In diesem Sinn belehrt sie auch Dr. Wesener: »Das schönste, gottgefälligste Gebet ist übrigens das Gebet für andere. Sorgen Sie sich nicht für sich, beten Sie für die Menschen und für die armen Seelen im Fegefeuer.«

Ihre innere Einstellung zu denen, unter denen sie leidet, bringt Anna Katharina Emmerick so eindrucksvoll zum Ausdruck: »Herr, mein Gott. Du kennst mich, wenn mich die ganze Welt verkennt. Verzeihe meinen blinden Nächsten, bewahre mich vor Ungeduld, Rache und bösen Gedanken gegen meine Peiniger. Dir opfere ich all' mein Leiden und meine Unschuld. Ich will vorsätzlich nie dich beleidigen, stehe mir bei, gib mir Geduld und Ergebung in deinen allerheiligsten Willen und rechne es den armen, blinden Menschen, die mich quälen, nicht an.«

Leiden im Dienst der Kirche

Anna Katharina schätzt die Nächstenliebe weit höher ein als ihre Visionen und Wundmale: »Ich habe den Dienst am Nächsten immer für eine höchste Tugend gehalten. In meiner frühen Jugend schon habe ich Gott gebeten, dass er mir die Kraft verleihen wolle, meinen Mitmenschen zu dienen und nützlich zu sein, und ich weiß jetzt, dass er meine Bitte erfüllt hat.«

Anna Katharina sieht ihr Leiden im Dienst der Kirche: Die Menschen, »sie kümmern und quälen sich viel mehr mit schlechten und weltlichen Dingen und machen sich große Unruhe und Kopfzerbrechen über Dinge, die sie nicht ergründen können; mein Leiden wird mir nicht schwer; denn ich weiß, warum ich leide.«

Sie sieht den Sinn ihres Lebens darin, für andere zu leiden: »Ich habe es immer als eine besondere Gnade mir von Gott erbeten, dass ich für die leide und womöglich genug tue, die aus Irrtum oder Schwachheit auf dem Irrweg sind.«

Sie versteht die Kirche als Leib Christi und ihr Leiden als Dienst an der Erlösung, der Versöhnung des Menschen mit Gott: »Nichts hat von Jugend auf meine Seele so sehr in Bewegung gesetzt als das lebendige Gefühl vom innigsten Zusammenhang der Kirche als eines Leibes und die heilige Pflicht eines jeden, für den anderen zu beten, zu sühnen, zu büßen.«

Heimat nach einem unsteten Leben

Eine entscheidende Begegnung geschieht im September 1818: Clemens Brentano (1778 bis 1842), der Dichter der Romantik, reist von Berlin nach Dülmen, angeregt durch seinen Bruder Christian. Brentano hat vierzigjährig ein unstetes, unruhiges Leben hinter sich, nirgendwo hat er Heimat gefunden, weder im Glauben noch in einer festen Beziehung noch endlich in der Dichtung. Hier findet er eine Mystikerin, die seinen Glauben neu entzündet. Fortan wird er Dülmen nur noch verlassen, um seine Wohnung in Berlin aufzulösen, und er wird sich und seine schriftstellerische Tätigkeit in den Dienst dieser mystischen Sendung stellen.

Er schreibt Emmericks Visionen auf, die häufiger nachgedruckt werden als die Werke Goethes und Schillers. »Das bittere Leiden unseres Herrn Jesu Christi« (1833) hat 1926 bereits 77 Auflagen erreicht. Brentano schreibt auch »Das Leben der heiligen Jungfrau Maria« (1852) und »Das Leben unseres Herrn und Heilandes« (1858 bis 1860, drei Bände).

Die Emmerick hat Brentano als Freund angenommen. Aber immer mehr muss sie erkennen, dass er auch eine Last wird, weil er rastlos alles aus ihr herauspresst, was sie gesehen hat und weiß. Es wird ihr schwer; denn diese Überzeugung hegt sie: »Was ich habe, habe ich nicht von mir, ich bin nur ein Instrument in der Hand des Herrn.«

Ihr sind die Visionen, Wundmale und Leiden nicht so wichtig. Wenn sie über den Glauben redet, dann leuchtet sie von innen her, wird mitteilsam und missionarisch.

Eine echte Freundin

Im April 1819 kommt Luise Hensel (1798 bis 1876) nach Dülmen, die 19-jährige Freundin Brentanos. Zunächst wollen sich auf Sondermühlen treffen: Graf Stolberg, Clemens

Brentano und Johann Michael Sailer, Bischof von Regensburg. Doch der trifft nicht ein. Anna Katharina Emmerick wird Luise Hensel eine echte Freundin. Durch sie findet die Dichterin zur Konversion.

Luise Hensel wird später am St. Leonhard Institut in Aachen drei Mädchen inspirieren, die Ordensgründerinnen und Selige werden: Franziska Schervier (1819 bis 1876), die Gründerin der Armen Schwestern vom heiligen Franziskus, Clara Fey (1815 bis 1894), die Gründerin der Schwestern vom armen Kind Jesus, und Pauline von Mallinckrodt (1817 bis 1881), die Gründerin der Schwestern von der christlichen Liebe. Luise Hensel wird 1832 bei der Cholera-Epidemie in Aachen Dr. med. Heinrich Hahn (1800 bis 1882) zur Seite stehen, um den Kranken zu dienen. Für diesen Arzt hat das Bistum Aachen einen Seligsprechungsprozess eingeleitet. Luise Hensel wird Nelken auf das Grab ihrer Freundin pflanzen und sie in einer nächtlichen Aktion exhumieren und unverwest antreffen.

Am 22. Oktober 1818 kommt Johann Michael Sailer (1751 bis 1832), Bischof von Regensburg, der Aufklärung und Romantik mit der Offenbarung verband, an das Lager der leidenden Frau von Dülmen und ist tief beeindruckt von dieser religiös ausstrahlenden Persönlichkeit. Ein Jahr später erscheint Melchior Diepenbrock (1798 bis 1853), noch völlig ungefestigt. Sie sagt ihm, dass er Erzbischof und Kardinal von Breslau werden wird, der Priesterausbildung und die Sorge um soziale Fragen in Oberschlesien fördert. Diese Begegnung verändert Diepenbrocks Leben, er wird Priester.

Auch seine Schwester Apollonia Diepenbrock (1799 bis 1880), eine Armen- und Krankenschwester, eine der größten Wohltäterinnen des 19. Jahrhunderts, wird Freundin der Seherin. Es ist erstaunlich, welche Persönlichkeiten des damaligen Katholizismus die Nonne von Dülmen aufsuchen und welche Strahlkraft die ungebildete Kötterstochter im Glauben hat.

Eine staatliche Untersuchung

Schon am 18. Juni 1813 hatte der münsterische Chemieprofessor Bodde die Emmerick aufgesucht und die Visionen und Wundmale als Schwindel denunziert. 1819 greift die preußische Regierung die Sache auf, die sie argwöhnisch beobachtet hat, und ordnet eine staatliche Untersuchung an. Anna Katharina Emmerick wird zwangsweise vom 7. bis 29. August 1819 in das Haus des Hofskammerrats Mersmann verbracht, wo sie in einem großen lichtdurchfluteten Saal Tag und Nacht durch zwei Mitglieder der staatlichen Kommission überwacht wird.

Doch diese harte und rücksichtslose Untersuchung bringt nicht die geringste Bestätigung für den von der Kommission vermuteten Betrug bezüglich der Wundmale und der Nahrungslosigkeit.

Die letzten Lebensjahre der Dulderin verlaufen verhältnismäßig ruhig. 1823 erkrankt sie schwer. Am 9. Februar 1824
wird sie aus einem »Leben ungeteilten Dienstes« von Gott in
die Ewigkeit abberufen. Sie hatte gebeten, dass ihre Oberin,
Frau Hackebram, dabei sein sollte.

Persönlich Glaubende in säkularisierter Welt

Was kann uns heute das Leben der Anna Katharina Emmerick sagen? Sie steht in den Umbrüchen ihrer Zeit, wo viele
Menschen den traditionellen Glauben verloren haben, wo
liberale Gedanken um sich greifen und eine mehr und mehr
säkularisierte Welt entstand, in der christlicher Glaube an
den Rand und in die Fragwürdigkeit geriet. Wer war diese
Frau, die ungebildet war und kaum schreiben konnte und die
doch zur Ratgeberin vieler wurde und ihnen Orientierung
für ihr Leben gab?

Anna Katharina Emmerick hat in säkularisierter Zeit zu
einem individuellen, persönlichen Glauben gefunden. Die religiösen Grundlagen waren durch das christliche Elternhaus
gelegt. Schon von früher Kindheit an fühlte sie sich zu Gebet
und Betrachtung hingezogen. Bei der Hausarbeit und beim
Viehhüten verweilte sie im Gebet. Aber ihr Beten bedurfte
der Läuterung. Sie hat auch einige Jahre erlebt, wo ihr Glauben und Beten schwer fielen, wo Lauheit sie hart bedrängte.
Es war ihr Reifeprozess im Glauben, der sie von einer »Ver-

liebtheit« in Gott zur echten Liebe zu Gott führte. »Und diesen Schritt muss jeder reife Glaube und jede reife Liebe durchleben«, sagt Pater Elmar Salmann OSB. Sie weiß: »Unser Verstand führt uns oft irre. . . Ich habe es auch schon empfunden, wie schlimm es ist, wenn man sich selber folgt, denn wenn ich mir selbst folge, bin ich am ehesten gefallen.«

Ihr Gottesverhältnis war geprägt durch das Kreuz Christi. Das altehrwürdige Coesfelder Kreuz in St. Lamberti mit der Partikel des wahren Kreuzes Christi hat ihre Christusverbundenheit geformt. Als Stigmatisierte zeigt sich dieses Coesfelder Kreuz blutend auf ihrer Brust. Gern ging sie den langen Coesfelder Kreuzweg, oft barfüßig und in der Nacht. Sie verband ihr Leben mit dem Kreuz Christi, empfand seine Passion nach und lebte seine Passion mit. So wurde die Compassion, das Mitleiden mit Christus, zur inneren Leitlinie ihres Lebens. Das Kreuz Christi war der geistliche Kompass, auf den die Nadel ihres Lebens stets gerichtet war. Ihr Leben in ständiger Krankheit und erlittenem Leid machte sie zur »Dulderin von Dülmen«. Sie lebte das Wort Christi: »Wer mein Jünger sein will, der verleugne sich selbst, nehme sein Kreuz auf sich und folge mir nach« (Mk 8, 34). Sie sagt: »Der Christ muss Kreuz haben und überhaupt muss man sich in die Zeit fügen und Gott sorgen lassen.«

War ihr Leben zunächst von Sündenangst und von der Vorstellung des strengen und gerechten Gottes geprägt, so schälten sich mehr und mehr die Christusliebe und die Compassion mit seiner Liebe als das Grundmotiv ihres Lebens heraus. Sie nimmt gewissermaßen vorweg, dass neben einer Theologie der Erlösung von Sünde und Schuld eine gelebte Theologie der Passion Christi und unserer Compassion treten muss, die in Ehrfurcht vor der Autorität der Leidenden dieser Erde steht.

Anna Katharina Emmerick hätte nichts von einer Welt und Menschheit gehalten, die Leiden und Tod, die Sünde und Schuld aus unser Welt verbannt, verschweigt und verdrängt, die Leiden und Sterben lieber dem sanften Tod (Euthanasie) anheimgibt als das selige Ausleiden der kreatürlichen Not annimmt und mit dem Herrn mit- und ausleidet für die Mitmenschen und für die Kirche, die der Leib Christi ist.

Nächstenliebe wichtiger als Visionen

Anna Katharina Emmerick hatte stets die Nächstenliebe gelebt und die Sorge für die Armen für wichtiger gehalten als alle Visionen, Wundmale und ekstatischen Erscheinungen. »Ich habe den Dienst am Nächsten immer für die höchste Tugend gehalten. In meiner frühesten Jugend habe ich Gott gebeten, dass er mir die Kraft verleihen wolle, meinen Mitmenschen zu dienen und nützlich zu sein, und ich weiß jetzt, dass er meine Bitte erfüllt hat.« Oder: »Gesichte machen nicht selig. Man muss Liebe und Geduld und die anderen Tugenden üben.« Und schließlich die Einsicht: »Die wahre

Religion besteht nicht im vielen Beten, sondern in der Erfüllung seiner Pflicht.«

Schon in Kindheit und Jugendzeit war ihr die Sorge um die Armen tief eingeprägt. Sie verschenkte Kleidung und Brot. Sie gab der Familie Söntgen ihre schmale Aussteuer. Bis in ihre letzten Lebenstage hinein und unter schweren Schmerzen nähte sie Kleidung und Kindermützen für die Armen, wie die Dülmener Gedächtnisstätte bis heute zeigt.

Sie folgte ihrer Berufung

Anna Katharina Emmerick hörte den Ruf Christi und folgte ihrer Berufung ins Kloster. Schon früh hatte sich dieser Ruf gemeldet. Aber kein Kloster wollte eine arme Bauernmagd ohne Aussteuer annehmen. Ihre Eltern wollten ihre Klosterpläne durchkreuzen. Doch sie hörte auf die Stimme ihres Herzens. Nie hat sie den Ruf vergessen. Und als sie endlich ins Kloster Agnetenberg aufgenommen wurde, fand sie einen Konvent vor, der nur nachlässig seinen religiösen Pflichten nachkam und deren Schwestern sie mit Verkennung und Verachtung, mit Spott und Missachtung behandelten.

Anna Katharina wurde nicht irre in ihrer Berufung und lebte redlich ihr Leben in Gebet, Beschauung und Arbeit. Auch in der Krankheit erhielt sie keine gebührende Zuwendung und Hilfe. Keine zehn Jahre im Kloster, beendeten staatliche Dekrete das Klosterleben und überließen die kranke Nonne unversorgt ihrem Schicksal. Auch auf ihrem langen Krankenlager lebte sie ihre Berufung als Ordensschwester und ihre besondere Sendung als Seherin und Dulderin. Nie ließ sie sich darin beirren, dass ihre Berufung zum Ordensleben Gottes Wille für sie war. So ließ sie noch ihre Oberin an das Sterbelager rufen, um zu dokumentieren, dass sie als Ordenschristin gelebt hat und gestorben ist.

Sie wusste Rat zu geben

Anna Katharina Emmerick hat unbewusst eine missionarische Wirksamkeit entfaltet. Zwar lockten der Ruf ihrer Visionen, Wundmale und Nahrungslosigkeit auch viele Schaulustige und Neugierige an, aber viele kamen, um sich geistlichen Rat in schwierigen Lebenslagen zu holen. Und diese einfache, schlichte Frau wusste Rat zu geben, konnte Irrenden und Suchenden den rechten Weg zum Glauben weisen, wollte zum Glauben der Kirche ermutigen.

Sie brachte Menschen zu einem aktiv gelebten Glauben zurück: den Arzt Dr. Wesener, der im Studienbetrieb seinerzeit den Glauben verloren hatte, den rast- und ruhelosen Dichter Clemens Brentano, der neu Orientierung und Halt suchte, den rauflustigen Offizier Melchior Diepenbrock. Sie ermutigte Luise Hensel zur Konversion und riet ihr vom Klosterleben ab, weil sie ihre Berufung anders sah, so wie sie Dr.

Wesener ermutigte, als Arzt sein Christsein zu leben. Sie konnte das, weil sich in ihr natürliche Menschlichkeit und tiefe Frömmigkeit trafen. Sie war eine zur Freundschaft befähigte Frau.

Wenn man die illustre Schar ihrer Besucher sieht, dann spürt man, dass hier Menschen kamen, die die Grundlagen für einen erneuerten Glauben in dieser schwierigen Zeit der Säkularisation gelegt haben. Amalie von Gallitzin (1748 bis 1806) und der »Münsterische Kreis« haben den Durchbruch von der Aufklärung in einen erneuerten gesellschaftlich wirksamen Glauben erreicht. Bernhard Overberg hat in Priesterbildung und Schulreform Großes für die katholische Pädagogik geleistet. Johann Michael Sailer hat als Bischof von Regensburg die Reform in Bayern angeführt. Melchior Diepenbrock ist durch die Seherin Priester geworden und hat in Breslau im Sinne der Reform gewirkt. Luise Hensel hat als Dichterin, Lehrerin und Krankenschwester ihre Gedanken weitergetragen, so dass drei ihrer Schülerinnen bedeutende Ordensgründerinnen wurden.

Vor allem aber Clemens Brentano hat durch die Aufzeichnung ihrer Visionen über das Leben unseres Herrn und Erlösers, über das Leben der heiligen Jungfrau Maria und über das bittere Leiden unseres Herrn Jesu Christi in die Breite und über Jahrzehnte hinweg das Interesse und das emotionale Einfühlen in die biblischen Ereignisse des Lebens, Sterbens und Auferstehens Jesu geweckt.

Selbst der Dichter Paul Claudel, der 1955 im Alter von 87 Jahren starb, bekennt in seiner Abhandlung über seine Konversion: »Die Bücher, die mir in dieser Epoche am meisten geholfen haben, sind: Die Heilige Schrift, Dantes Gedicht (Die göttliche Komödie) und die wunderbaren Erzählungen der Schwester Emmerick.«

Gelebtes Beten und erlittenes Mitleiden

Anna Katharina Emmerick war eine Seherin. Ihre eidetischen Fähigkeiten stehen außer Frage. Es ist erstaunlich, wie genau sie in ihren Visionen die Ereignisse des Lebens Jesu beschreibt. Sie hat alles lebensnah vor Augen, und man ist überrascht, wie klar sie zum Beispiel geographische Gegebenheiten berichtet, die sie als ungebildetes Bauernmädchen nicht wissen kann. Manches allerdings mag Brentano verdreht oder missverstanden haben.

Sie trägt die Wundmale Christi, die bluten und ihr arge Schmerzen bereiten. Diese Wundmale tragen auf der Brust die Form des Kreuzes, das Anna Katharina Emmerick aus St. Lamberti kennt. So bilden gelebtes Beten und erlittenes Mitleiden eine Einheit.

Sie lebt jahrelang faktisch ohne Nahrung. Nur ein wenig Wasser und die heilige Kommunion genügen ihr. Sie lebt aus der Verbundenheit mit dem eucharistischen Christus und praktiziert die damals unübliche häufige Kommunion.

Sie hat ekstatische Zustände, in denen ihre Seele auf die Reise geht und Außerordentliches erlebt.

Aber alle diese außergewöhnlichen Phänomene, die Experimentier- und Wundersucht bei vielen hervorrufen, sind ihr fast unwichtig. Sie will schlicht ihren Glauben leben, den Armen helfen, für die Mitmenschen und für die Kirche leiden.

So ist Anna Katharina Emmerick herangereift in der Glaubensschule des Leidens zu einer großen Seligen der Kirche. Sie kann auch heute noch »ein Kreuz am Weg« sein, zu dem wir aufschauen auf unserem Lebensweg und in unserer Weggemeinschaft.

Anna Katharina Emmerick in Selbstzeugnissen

Über ihre Kindheit:

»Wenngleich klein und zart gebaut, brauchte man mich doch bald zuhaus, bald bei Emmericks (auf dem großen Hof) in schwerster Feldarbeit, und es musste sich immer treffen, dass ich zu den schwersten Arbeiten kam, ich weiß wohl, dass ich in einer Arbeit zwanzig Fuder Getreide auf den Wagen aufgenommen ohne Rast und schneller als der stärkste Knecht. Auch beim Schneiden und Binden musste ich sehr stark dran.«

Über ihre religiöse Sensibilität:

»Ich hatte dieses heftige Mitleiden schon von Kind an, die Nachricht von Unglück, Leiden, Krankheit, Sünde andrer Leute hörte ich mit einer solchen Empfindung an, dass ich oft ganz starr da saß und meine Eltern fragten, ob ich krank oder unweis sei.«

Über ihre Gottesliebe:

»Wenn auch kein Himmel und kein Fegfeuer wäre, so wollte ich Dich doch von Herzen über alles lieben.«

Über Zeiten der Gottferne:

»Von meinem siebzehnten Jahre an fiel ich bis gegen das zwanzigste in einige Lauheit. Ich musste mich zu Andachtsübungen, die sonst meine einzige Freude waren, beinahe zwingen.«

Über ihre Berufung:

»Wachend sah ich bei der Abneigung meiner Eltern dagegen und bei meiner Armut immer die Unmöglichkeit, ins Kloster zu kommen. Mein Traum aber führte mich ins Kloster und sagte mir: Der allmächtige Gott vermag alles.«

Über eine mystische Erfahrung:

»Etwa. . . in meinem 24. Jahre war ich einmal um die Mittagszeit in der Jesuitenkirche zu Coesfeld und kniete auf der Orgelbühne vor einem Kruzifix in lebhaftem Gebet. Ich war ganz in Betrachtung versunken, da wurde mir so sachte und so heiß, und ich sah von dem Altare der Kirche her, aus dem Tabernakel, wo das heilige Sakrament stand, meinen himmlischen Bräutigam in Gestalt eines leuchtenden Jünglings vor mich hintreten. Seine Linke hielt einen Blumenkranz, seine Rechte eine Dornenkrone, er bot sie mir zur Wahl dar. Ich griff nach der Dornkrone, er setzte sie mir auf, und ich drückte sie mir mit beiden Händen auf den Kopf, worauf er verschwand, und ich mit einem heftigen Schmerz rings um das Haupt wieder zur Besinnung kam.«

Über die Eucharistie:

»Jetzt bitte ich Gott, den Heiland, dass er mir sein Herz geben wolle, um ihn darin zu empfangen. Nur dies könnte ihn würdig aufnehmen und ihn lieben und loben, wie er es verdient. Dafür möchte er mein Herz wieder nehmen und damit machen, was er wollte.«

Über Jesu Kreuzweg:

»Die enge Straße wendet sich gegen ihr Ende wieder zur Linken, wird breiter und etwas aufsteigend. Es kommt dort eine unterirdische Wasserleitung vom Berge Sion her; ich meine, sie fließt längst des Forums, wo auch in der Tiefe übermauerte Rinnen laufen, nach dem Schafteiche am Schaftore zu. Ich hörte das Glucken und Rieseln des Wassers in den Röhren. Hier vor dem Aufsteigen der Straße ist eine tiefere Stelle, wo bei Regen sich oft Wasser und Kot sammelt, und es liegt da, wie öfters in den Straßen von Jerusalem, die an manchen Stellen sehr roh sind, ein erhöhter Stein zum Überschreiten. Der arme Jesus, als er mit seiner schweren Last hierher kam, vermochte nicht weiterzugehen. Die Schergen zerrten und trieben ihn unbarmherzig, da stürzte der göttliche Kreuzträger an dem vorragenden Steine in ganzer Länge zur Erde hin, und die Kreuzbürde fiel neben ihm nieder. Die Treiber fluchten, zerrten und stießen ihn mit Füßen, es entstand eine Stockung in dem Zuge und im Getümmel um ihn.

Vergebens reichte er die Hand, dass ihm einer aufhelfe. ›Ach!, es ist ja bald vorüber‹, sprach er und betete, die Pharisäer schrien: ›Auf! Treibt ihn auf! Er stirbt uns sonst unter den Händen!‹ Hier und da an den Seiten des Weges sah man weinende Weiber mit Kindern, die aus Angst wimmerten. Durch übernatürliche Hilfe richtete Jesus sein Haupt wieder empor, und die schrecklichen, teuflischen Buben setzten ihm hier, statt ihn zu erleichtern, die Dornenkrone wieder auf. Als sie ihn aber mit Misshandlungen wieder aufgerissen hatten, legten sie ihm das Kreuz wieder auf die Schulter, und er musste nun sein elendes, mit Dornen gepeinigtes Haupt mit schrecklicher Not ganz nach der einen Seite hängen, um die schwere Last neben der breiten Krone auf der Schulter zu tragen. So wankte er mit neuer, vermehrter Qual die breitere, aufsteigende Straße hinan.«

Über die Neugier an ihrer Person:
»Ach könnte ich nur auf den höchsten Turm steigen und der ganzen Welt zurufen, dass ich nichts bin als eine armselige Sünderin.«

Über sich:
»Ich bin nur ein Instrument in der Hand des Herrn. So wie ich dieses Kreuz nach Willkür hierhin oder dorthin legen kann, so muss ich auch mir alles gefallen lassen, was der Herr will, und das tue ich mit Freuden.«

Über das Beten:

»Beten Sie: ›Herr, mach mit mir, was du willst.‹ Dann gehen Sie ganz sicher, denn das gütigste, liebreichste Wesen kann Ihnen nur Gutes zufügen.«

Über ihr Bemühen um Nächstenliebe:

»Es kostet, ich weiß es an mir selbst, rechte Überwindung, wenn man seinem Nächsten dienen soll.«

Bilderbogen
einer Seligen

Michael Bönte dokumentiert die Seligsprechung in Rom und die Stätten der Verehrung in Dülmen und Coesfeld

Der Gobelin zeigt der Welt eine neue Selige: Anna Katharina Emmerick (Gedenktag: 9. Februar).

*Feierliche Seligsprechung durch Papst Johannes Paul II. am
3. Oktober 2004 auf dem Petersplatz in Rom.*

*Rund 1500 Pilger aus dem Bistum Münster nahmen an der
Liturgie teil, weithin erkennbar an den grünen Schals.*

Bischof Reinhard Lettmann (Mitte) stellte dem Papst die Dienerin Christi Anna Katharina Emmerick vor.

Von schwerer Krankheit gezeichnet, konnte der Papst der Liturgie nicht selbst vorstehen.

Gisela Specht brachte das mit dem Coesfelder Kreuz verzierte Reliquiar zum Zelebrationsaltar.

Bischof Reinhard Lettmann und der Papst im freundschaft-
lichen Gespräch – von Kameras beobachtet.

Hauptzelebrant der Eucharistiefeier war Kardinal José Saraiva Martins, Präfekt der Kongregation für die Heiligsprechungen.

Bei strahlender Sonne nahmen Tausende Pilger aus aller Welt an der beeindruckenden Zeremonie auf dem Petersplatz teil.

*Drei von 15.000
auf dem
Petersplatz.*

Zusammen mit Anna Katharina Emmerick wurden vier vorbildliche Christen selig gesprochen: die italienische Ordensfrau Maria Ludovica Angelis, der französische Trappistenmönch Joseph-Marie Cassant, der französische Ordensgründer Pierre Vignet und der österreichische Kaiser Karl I.

Unverkennbare Abordnung zu Ehren von Kaiser Karl I.

*Der Wind verbreitet unver-
hofft Vorfreude.*

Willkommen, neue Selige!

Trugen Texte während der Seligsprechungsfeier vor (v.l.): Luise Steens, Ludger Hillermann und Margret Nemann.

Zahlreiche Kommunionhelfer wirkten an der Feier mit.

*Passend zur Pfadfinder-Kluft: die grünen Schals zur
Seligsprechung.*

*Pfarrer Peter Nienhaus und Kaplan Oliver Paschke aus
Dülmen mit Dechant Johannes Hammans aus Coesfeld (v.l.).*

Farbenfroher Anblick auf dem Petersplatz: Eine Ordensfrau dirigiert eine brasilianische Kapelle.

Besonders zünftig gaben sich einige Gäste aus Österreich.

Übung auf dem Petersplatz: Messdiener aus Dülmen bei den Proben für die Seligsprechung.

Gelöste Stimmung nach der Seligsprechung: Zwanglos kamen die Gläubigen miteinander ins Gespräch.

Pause auf dem Petersplatz: Pilger aus dem Bistum Münster tankten vor der Seligsprechung Energie.

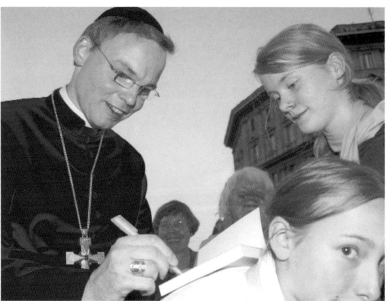

Weihbischof Tebartz-van Elst gab nach der Vigil Autogramme.

*Klare Ansage: Schwester Ernstwalde Bresser in der vorüberge-
henden Funktion einer Reiseleiterin.*

*Schülerinnen,
Schüler und Lehrer
der Liebfrauenschule
aus Coesfeld hatten
sich per Bus auf den
Weg nach Rom
gemacht, um die
Seligsprechung mit-
zuerleben.*

Ein Schweizer Gardist als Platzanweiser.

Erinnerung an ein großes Ereignis: Trappistenmönche machen Fotos am Rande des Petersplatzes.

Eindrucksvoll macht dieser Rom-Pilger
deutlich, was er von der
neuen Seligen erwartet: Rückenstärkung.

*Eine Vigilfeier mit Bischof Reinhard Lettmann in der Basilika
Santa Maria Maggiore stimmte auf die Seligsprechung ein.*

Das Licht bildete ein zentrales Motiv der Vigilfeier – in Handlungen und Worten.

Am Tag der Seligsprechung taufte Dechant Johannes Hammans in der römischen Kirche Santa Maria dell' Anima Chiara Richard, die Urururururgroßnichte der neuen Seligen.

Aus Anlass der Seligsprechung von Anna Katharina Emmerick gab der Botschafter der Bundesrepublik Deutschland beim Heiligen Stuhl, Gerhard Westdickenberg (rechts mit Mikrofon), einen Empfang für die Gäste aus Münster.

Bischof Dr. R. Lettmann

Bischof Reinhard Lettmann zelebrierte am Tag nach der Seligsprechung ein festliches Dankamt im Petersdom.

Auf dem Gabentisch beim Dankamt im Petersdom stand auch ein Coesfelder Kreuz.

Ein Projektchor aus Sängerinnen und Sängern aus Coesfeld und Dülmen gestaltete die festliche Eucharistiefeier mit.

Gabenprozession während des Dankamts im Petersdom.

Der Dülmener Kaplan Oliver Paschke übernahm die Kantorengesänge im Dankamt.

Reliquien der neuen Seligen wurden in diesem kostbaren Gefäß, verziert mit dem Coesfelder Kreuz, Papst Johannes Paul II. geschenkt. Die kunstvolle Arbeit stammt von der Coesfelder Goldschmiedemeisterin Petra Heming.

Auch Bischof Reinhard Lettmann erhielt ein Reliquiar (unten), vom münsterischen Goldschmiedemeister Ulrich Böckenfeld geschaffen. Es zeigt unter anderem die Umrisse der Seligen und ihren Schriftzug (unten links).

Der Taufstein in St. Jakobi Coesfeld, wo Anna Katharina Emmerick getauft wurde.

Das berühmte Coesfelder Kreuz in der St.-Lamberti-Kirche, vor dem die Selige häufig betete.

Das 1976 wieder errichtete Geburtshaus von Anna Katharina Emmerick, ein Kötterhaus in Coesfeld-Flamschen.

Die Tenne diente gleichzeitig als Küche, Essraum und Aufenthaltsraum für Mensch und Tier.

*Die an das Kötterhaus angebaute Nähstube, in der Anna
Katharina Emmerick arbeitete.*

*Der verheerende Brand von 1976 hinterließ als einziges histo-
risches Stück diese von der Seligen selbstgebastelte Krippe.*

Msgr. Martin Hülskamp u. seine Sekretärin Frau Brand

Exhumierung von Anna Katharina Emmerick am 20. Juli 2004.

Emmerick-Gedenkstätte vor der Heilig-Kreuz-Kirche.

*Das
Sterbezimmer
von Anna
Katharina
Emmerick.*

*Das
Handkreuz der
Seligen.*

Das Grab der seligen Anna Katharina Emmerick in der Krypta der Heilig-Kreuz-Kirche in Dülmen.

Sie ließ sich vom Leid der Welt verletzen

Pfarrer Peter Nienhaus umschreibt, wie Anna Katharina Emmerick weniger auf das eigene Tun als vielmehr auf Gottes Gnade setzte

Mag sein, dass Anna Katharina Emmerick vielen Menschen ein Rätsel ist. Das wird sie bleiben. Sie steht ein für eine christliche Kernbotschaft, die nie ganz zu verstehen ist. Wie lässt sich das Kreuz Christi erklären? Besser: die Liebe, die sich im Kreuz ausspricht!

Sich dieser Wahrheit der Emmerick zu nähern heißt, sich letztlich der Wahrheit Jesu Christi zu nähern. Es lohnt, sich anrühren zu lassen von seinem Glanz ganz tief unten, an dem sie teilhat.

Im Matthäus-Evangelium tritt ein junger Mann Jesus in den Weg: Jesus sag mir, was kann ich tun, um ein Leben zu führen, das wirklich den Namen »Leben« verdient, das nicht so leer ist, wie ich oft mein Leben empfinde, nicht so oberflächlich, nicht so eintönig. Ich suche ein Leben mit Höhen und Tiefen, mit Spannung und Kraft, ein lebenswertes Leben.

Kannst du mir sagen, wie ich es anstellen kann, dass aus meinem Leben etwas wird? (vgl. Mt 19,16-24)

Das Angebot Jesu ist verblüffend: Verkaufe alles und werde mein Freund. Tritt meinem Jüngerkreis bei. Wir versuchen nämlich ein solches Leben zu führen, wie du es wünschst. Bei diesem Leben kommt es nicht darauf an, was du hast. Denn letztlich ist alles Geschenk. Es kommt darauf an, wer du bist und wie frei.

Hier erfahren wir den Grund, warum der junge Mann alles verkaufen soll. Primär geht es nicht darum, die Not der Armen zu lindern. Zuerst geht es viel mehr allein um Gott, um die Freiheit für ihn.

Wir erleben die Reaktion des jungen Mannes. Er geht weg, er, der Mann mit der Erfahrung, dass Geld nicht glücklich macht, hat Angst, darauf zu verzichten und ganz auf Gott zu setzen.

Er hat Angst, seine Reichtümer loszulassen und verbaut sich den Zugang zu dem Reichtum, den ein Leben in der Freundschaft mit Gott bedeutet. Seine Angst steht dem Glauben im Weg...

Grenzen der Geschöpflichkeit wahrnehmen

Die Geschichte vom reichen Jüngling zeigt, dass die Frage nach der Armut zuerst eine Frage des Glaubens ist. »Arm vor Gott« ist Anna Katharina Emmerick im tiefsten Sinne, nicht nur im äußeren. Natürlich kannte sie Armut, Hunger, Kälte von klein auf, aber darin unterschied sie sich nicht von den meisten andern ihrer Zeit. Arm im eigentlichen Sinne war sie, weil sie die Grenzen ihrer Geschöpflichkeit wahrnahm, dabei aber nicht verzweifelte oder sich hinwegtäuschte, sondern sich darin ganz von Gott angenommen wusste. Sie suchte sich nie mit äußeren Attributen auszustatten, um wer zu sein. Wer Reichtümer besitzt, wer Macht ausübt, wer Größe demonstriert, steht in der großen Gefahr, sich seine eigene Unsterblichkeit bauen zu wollen – und er endet im Tod. Es ist nämlich tödlich, wenn man in toten Dingen seine Identität sucht.

Anna Katharina steht für die und lebte die unbezahlbaren Werte wie Liebe, Für-andere-dasein, Zeithaben. Sie setzte das unüberhörbare Signal für die Hoffnung, die sich mit dem Vorhandenen nicht sättigen und abspeisen lässt. »Die Welt ist allemal zu klein, um die unendliche Sehnsucht des Menschen zu stillen«, sagt Nietzsche und Karl Rahner: »Es ist dem Menschen verboten, sich mit weniger als der unendlichen Fülle Gottes zu begnügen.«

A. K. Emmerick weist mit ihrer ganzen Existenz hin auf das, bzw. den, wofür zu leben sich wirklich lohnt. Ihr tiefer Glaube, ihr unbedingtes Vertrauen, ihre abgrundtiefe Liebe zu Gott ist es, die sie auszeichnet und ihr Glanz verleiht. Achim von Arnim verglich sie mit dem großen Johann Wolfgang von Goethe: »Ich konnte mich bei den vielen Steinen und anderem irdischen Kram, womit Goethe sich umbaut, einiger Vergleichungen nicht erwehren mit der frommen Seele in Dülmen, die bei steten unsäglichen Schmerzen bei den Kindermützen, die sie nähte, von tausend Seligkeiten leuchtete, während Goethe in übergewöhnlicher Naturkraft mit zornigem Auge durchs Fenster sah und über die kimmerischen Nächte klagte.«

Der Mensch ist mehr als das, was er besitzt. Nicht die Hab-Seligkeiten machen selig, sondern allein die Liebe, die nicht weniger gibt als sich selbst. Hier ist Anna Katharina ihrem Herrn und Heiland ganz nahe, und sein Kreuz wird auch ihr Zeichen. Die Wundmale, die sie trägt, an Händen und Füßen, Brust und Stirn sind Ausdruck ihrer Verbundenheit mit dem Gekreuzigten.

Ein Leben aus Passion

Seine Wahrheit wird die ihre. Wie er lässt sie sich verletzen vom Leid der Welt. Sie steht nicht cool über den Dingen, sondern lässt sich versehren. Nicht Unversehrtheit, Unantastbarkeit, Stärke machen ihren Glanz aus. Ihr Glanz ist ein Glanz ganz tief unten. Sie führt, wenn man so will, ein Leben aus Passion, d.h. ihre Liebe zu Christus schließt die Passion, das Leiden nicht aus, sondern gerade mit ein. An ihr lesen wir Leidenschaftlichkeit im wahrsten Sinne des Wortes ab. Ihre Beziehung zum Gekreuzigten war über alle Maßen lebendig, und das meint Tiefe und Erfüllung genauso wie Schmerz und Enttäuschung. Sie hat gerungen um Christus und mit ihm. An ihr aber wird beispielhaft deutlich, wie ein Mensch durch Leid und Krisen hindurch zur Reife finden kann.

Wir alle sehnen uns nach intensivem Leben. Dabei blenden wir aber aus, dass Höhen die Erfahrung von Tiefe, sprich von Abgründen, voraussetzen. Wer nur die schönen Seiten wahrnimmt und annimmt, halbiert das Leben, ist halbstark. Die halbe Wahrheit ist eine ganze Lüge. Halbstark ist ganz schwach. A. K. Emmerick legt den Finger in die Wunde einer Zeit, die leben will nach der Parole »lebenslang lustvoll«. Das aber ist nicht die Wahrheit und deckt sich nicht mit unserer Erfahrung. Die Welt ist anders. Als Christen verschließen wir die Augen nicht vor der Wirklichkeit. Uns verbietet sich deshalb alle glücksüchtige Weltverklärung. Natürlich gibt es eine vorschnelle Vertröstung mit dem Jenseits. Fataler ist die Vertröstung auf das Diesseits.

Wir können leben und andere leben lassen, ja sogar das eigene Leben lassen, weil uns einer Leben zusagt über das tödliche Ende und den endlichen Tod hinaus. Uns leuchtet im Tod, ganz tief unten, der Glanz des Lebens auf.

Anna Katharina Emmerick war zutiefst erfüllt von der Freude darüber. Bernhard Overberg, Regens des Priesterseminars damals und Beichtvater der Emmerick, berichtet darüber: »Wenn aber die Kranke in die Notwendigkeit gesetzt wird, reden zu müssen, so bewundern sie (die Besucher) an dieser Person von geringer Herkunft, die nur vier Monate ununterbrochen zur Schule ging, ihre tiefe Einsicht und werden entzückt von der Schönheit ihres freudestrahlenden Blickes und über die Erheiterung ihres ganzen Angesichtes, sobald von Gott, von dessen Güte, vom Himmel oder dergleichen die Rede kommt.«

Arm-Werden vor Gott

Unser Leben, ganz nüchtern und realistisch betrachtet, ist ein Arm-Werden vor Gott. Glauben wir in jungen Jahren, alles sei leistbar und machbar, strengen wir uns nur genügend an, reifen wir im Glauben zur Einsicht, dass das meiste im Leben, um nicht zu sagen: alles!, Geschenk ist. Anna Katharinas Glaube dringt vor zu der Einsicht: Gott muss machen, was ich selbst nicht kann. Dieser Glaube macht sie allerdings nicht klein. Sie strahlt im Gegenteil eine ungemeine Gelassenheit aus, vermag sie ihm doch alles zu überlassen. Die Größe des Menschen besteht nicht darin, dass er so perfekt wie möglich sein Leben selbst organisiert und sich verschafft – letztlich kann er das nicht –, sein Adel liegt gerade in seiner Bedürftigkeit, mit der er Gott um alles bitten darf. So sagt Anna Katharina Emmerick, man könne und solle Gott nur alles abschwätzen und ablieben. Gottes Reichtum fordere dazu geradezu heraus.

Hier tut sich Emmericks Vertrautheit mit ihrem lieben Vatergott einmalig kund. Dahinter steht gewiss ihre Erfahrung, dass am Nullpunkt ihres Lebens, als die Verwirklichung ihres Lebenszieles, ins Kloster zu gehen, in unendliche Ferne rückte, weil alle Ersparnisse draufgegangen waren, während ihrer Zeit bei Familie Söntgen in Coesfeld, sich ein neuer Weg auftat. Sie schreibt diese Fügung allein Gott zu, der unsere Hände nur füllen kann, wenn wir wirklich alles losgelassen haben.

A. K. Emmerick nimmt somit ihre Grenzen an, ihre persönliche Schwachheit wie die geschöpfliche überhaupt. Sünde heißt: sich selbst sichern und rechtfertigen wollen durch das, was selber geleistet wird. Dem gegenüber steht das Sichfallenlassen in Gottes gnädige Hände. Es rettet uns nicht das eigene Tun. Uns rettet allein Gottes Gnade. Für diese Wahrheit steht Anna Katharina. Und es geht von ihr die Ermutigung aus, zu unsern Schwächen zu stehen. Ich bin ihm trotz meiner Erbärmlichkeiten liebenswert genug. Ich darf ich selbst sein.

Tränen als Anteilnahme

Simone Weil sagt: »Der Held trägt eine Rüstung, der Heilige ist nackt!« Als Christen brauchen wir keinen Panzer, keine Rüstung. Wir dürfen sein, wie wir sind: schwach. Weil Gott uns unverdient, also ohne dass wir es uns verdienen könnten, retten will, dürfen wir ihm getrost alles überlassen. Anna Katharina ist mutig genug, mit Gott Sieg und Niederlagen in Verbindung zu bringen. Und wenn etwas zum Heulen war, wie etwa der heruntergekommene innere Zustand ihrer Klostergemeinschaft oder das kirchliche Leben überhaupt, dann vergoss sie schmerzliche Tränen darüber. Dies ist nicht Ausdruck einer Weinerlichkeit, sondern ihrer Anteilnahme; ja sie empfand es nach, wie verletzt Jesus sein muss, da er uns Menschen zutiefst liebt, wir aber seine Liebe nicht erwidern.

Glanz tief unten?

Dies macht eine Vision deutlich, die ihr Arzt Dr. Wesener aufschrieb:

Am 6. April erzählt A. K. Emmerick einen Traum: »Ich befand mich auf einem großen weiten Felde, welches ich ganz übersah. Dieses Feld war ganz mit Menschen aufgefüllt, die auf alle Art arbeiteten und sich aufs äußerste anstrengten, ein sicheres Ziel zu erreichen. Mitten auf diesem Feld sah ich einen vornehmen, unvergleichlich schönen Mann stehen. Dieser winkte mir, und als ich bei ihm war, sprach er zu mir: Sieh da, wie sich das Volk quält und zerarbeitet und überall und auf alle Art Trost und Hilfe und Gewinn sucht, mich aber, ihren Herrn und Wohltäter, da ich doch ganz offen hier stehe, gar nicht achtet und gewahrt. Nur wenige sind unter ihnen, die noch ein Gefühl von Dank und Erkenntlichkeit gegen mich haben. Aber selbst diese werfen mir ihren Dank nur im Vorbeigehen wie einem Hund den Brocken zu...«

Gibt es Glanz tief unten? Eine Zeit, die hoch hinaus will, »Highlights« sucht, den Himmel stürmen will, verneint das. Anna Katharina Emmerick weist in die andere Richtung. Von ihr geht die Aufforderung aus, uns von jeder Art von Gotteskomplex zu befreien.

Selig die Empfänglichen! Das sind die, die offen sind für Gottes Geschenke, für seinen Reichtum. Der neuzeitliche Mensch macht sich dagegen lieber selbst zum »Gott«. Die Macher, die alles im Griff zu haben meinen, verdrängen die Armut der Geschöpflichkeit und Endlichkeit. Übrigens: Eine selbstgerechte Kirche kann nicht zur Anwältin der Armen und Bedrängten werden. Sie steht sich selbst im Weg. Es ermutigt uns A. K. Emmerick zur Wahrhaftigkeit und zum Realismus.

Eigene Schwächen annehmen

Heil wird der Mensch, der seine eigenen Schwächen annimmt und Gott alles hinhält. Anna Katharina Emmerick weitet unsern Blick. Mit ihr vermag auch der Mensch von heute weiter zu sehen und selbst über die Grenzen des Todes zu schauen. A. K. Emmerick verweist uns auf Jesus Christus, ermutigt zu einem Leben aus Passion.

So steht Anna Katharina für eine Frömmigkeit, die ihren Platz im Herzen hat, auf der Ebene der Gefühle mehr als auf der Ebene des Verstandes. In einer Zeit, in der wir heute mehr denn je auf Intellekt, auf Aufklärung, auf Gesetz und Dogma setzen, auch in der Kirche, bildet sie eine Art Gegenpol. »Beginnen, wo Verstehen endet«, dieses Leitwort zur Seligsprechung Anna Katharinas will nicht Unreflektiertheit das Wort reden, wohl aber öffnen auf alle Dimensionen menschlichen Daseins und Glaubens.

Wer von der Emmerick sagt, sie sei nicht »normal«, muss sich als Christ fragen, was bzw. wer die Norm ist. »Normal« ist der Christ, der Christus zur Norm hat, an ihm Maß nimmt. Anna Katharina Emmerick tut das auf ihre besondere und eigene Art.

Hast du Freunde unter den Toten?, fragt Max Frisch in seinem Tagebuch. A. K. Emmerick zur Freundin zu haben, verspricht Sterbenshilfe im Leben und Lebenshilfe im Sterben.

Eine Frau
voller Selbstbewusstsein

Schwester Elisabeth Siegbert belegt, mit welcher Zielstrebigkeit sich Anna Katharina Emmerick in die Nachfolge Christi stellte

Gut neun Jahre habe ich in der Nähe des Geburtshauses von Anna Katharina Emmerick gelebt, aber mich eigentlich nie mit ihrer Person beschäftigt. Ich hatte früher schon von ihr gehört. Doch was ich hörte, schreckte mich eher als dass es mich reizte, mich mit dieser Frau zu beschäftigen. Und dann sprachen mich die beiden Pfarrer aus Dülmen und Coesfeld an, ob es mich nicht doch reizen würde, mich mit dieser Frau auseinander zu setzen. So habe ich zum ersten Mal in meinem Leben intensiv über Anna Katharina Emmerick gelesen. Und ich muss gestehen, bei so manchem mir Unverständlichen hat mich vieles fasziniert.

Drei Aspekte möchte ich hervorheben. Da ist die starke Frau, die selbstbewusst ihren Weg geht, der gar nicht der Zeit und ihrem Stand entsprach. Genauso selbstbewusst setzt sie sich mit dem Gottesbild ihrer Zeit auseinander und findet ihr eigenes. Und diese selbstbewusste Frau stellt sich ganz in den Dienst der Menschen, wieder auf ihre eigene Weise.

Die »stille Dulderin« wird Anna Katharina Emmerick gern genannt. Und eben dieses Bild hat mich auch immer dazu veranlasst, ihr aus dem Weg zu gehen. Doch was ich nun gefunden habe, entspricht gar nicht diesem Bild. Anna Katharina Emmerick verfolgte mutig, geradlinig und konsequent ihr Ziel, sich ganz in die Nachfolge Jesu zu stellen.

Nachfolge mit allen Konsequenzen

Der Weg für sie begann schon sehr früh. Obwohl sie nur wenige Monate die Schule besuchte, lernte sie genug lesen, um sich mit der Bibel und mit anderer religiöser Lektüre zu beschäftigen. Doch sie las nicht nur, sie stellte sich alles vor und verinnerlichte es. Vieles faszinierte sie so, dass sie davon tief ergriffen war. Oft stand sie vor dem Coesfelder Kreuz – wie viele Menschen ihrer Zeit – und ging den großen Kreuzweg. So wurde ihr früh klar: Sie wollte sich ganz in die Nachfolge Jesu stellen, ohne Wenn und Aber, mit allen Konsequenzen.

Aber als arme Kötterstochter in ein Kloster aufgenommen zu werden, war zu ihrer Zeit eigentlich unmöglich. Doch Anna Katharina Emmerick stieß auf viel mehr Widerstand. Der Gedanke an einen Klostereintritt führte zu Auseinandersetzungen vor allem mit ihren Eltern, die strikt dagegen waren. Bei allem Gehorsam den Eltern gegenüber, der damals selbstverständlich und wichtig war, fühlte sie sich aber dem als richtig Erkannten verpflichtet. Nichts konnte sie von ihrem Weg abbringen.

Auch nicht der Widerstand im Kloster. Keine Gemeinschaft wollte eine arme Frau, die nichts mit ins Kloster brachte. So sparte sie, wo sie nur konnte. Sie gab ihre verhältnismäßig gute und gewinnbringende Aufgabe als Wandernäherin auf, um Orgel spielen zu lernen. Denn sie wusste, dass bei den Klarissen in Münster eine Orgelspielerin gesucht wurde.

Doch dieses Vorhaben scheiterte total. Die Familie des Organisten Söntgen, zu dem sie 25-jährig kam, war so verarmt und in Not, dass sie all ihre Arbeitskraft und ihre Ersparnisse brauchte, um das Nötigste für die Familie zu beschaffen. Ihr Ziel — der Eintritt ins Kloster — schien vor dem endgültigen Aus zu stehen.

Unzeitgemäßes Verständnis von Gehorsam

Und doch verlor sie nie die Gewissheit, dass das ihr Weg sei. Die Tochter der Familie Söntgen fand Aufnahme im Agnetenkloster in Dülmen. Sie konnte Orgel spielen und war Lehrerin. Also war sie dort erwünscht. Ihre Eltern setzten durch, dass sie nur gemeinsam mit Anna Katharina Emmerick kommen würde. Jetzt schien das Ziel erreicht.

Doch das Leben im Kloster war eine absolute Enttäuschung für Anna Katharina Emmerick. Die Schwestern lebten nicht das, was sie sich unter einem Klosterleben vorgestellt hatte. Sie wollte mehr Gebet, intensiveres Christsein. Für einiges hatte die Oberin Verständnis, anderes setzte Anna Katharina Emmerick einfach durch. Sie ging auch hier konsequent den Weg, den sie als richtig erkannte, auch unter dem Gespött der anderen.

Nicht nur im Kloster, auch in der Kirche war vieles nicht so, wie es einem christlichen Leben entsprechend sein sollte. Auch hier bildete sie sich ihr eigenes Urteil. Bei aller Verehrung für das Priestertum, wie es damals üblich war, konnte sie kritisch Stellung nehmen zu dem laschen Christsein vieler Priester. Da war sie nicht nur die große Dulderin, sondern konnte auch klare Worte sagen.

Ihr Verständnis von Gehorsam entsprach nicht der Zeit. Sie fügte sich nicht einfach der kirchlichen wie auch der weltlichen Obrigkeit. Gehorsam bedeutete für sie Hören: auf Gott, auf die Menschen, auf die Situationen und auf ihre innere Stimme. So konnte sie sich bei aller Liebe und Verpflichtung doch gegen den Willen der Eltern entscheiden und gegen oder ohne Wissen der Oberin handeln. Sie spürte, dass sie Gott und sich selbst treu bleiben musste.

Viele Menschen kamen an ihr Krankenbett. Offen und selbstbewusst ging sie um mit einfachen Menschen wie auch mit Adeligen und Hochgestellten in der Zeit ihrer Krankheit.

Sie hatte sich gefunden, kannte ihre Lebensaufgabe, ging zielstrebig auf ihrem Weg voran. In diesem Bewusstsein brauchte sie sich weder bei einfachen Leuten als etwas Besonderes darzustellen, noch musste sie sich vor Hochgestellten klein machen. Im Gegenteil: sie konnte all diesen Menschen eine Lebenshilfe sein. Das war in der damaligen Zeit schon außergewöhnlich.

Sie selbst bezeichnet sich als »hitzig und eigensinnig«, und an anderer Stelle macht sie deutlich, dass sie mit ihrer »lebhaften, schnell aufwallenden Gemütsart« zu kämpfen hatte. Da ist wenig von der stillen Dulderin zu finden. Die Menschen mag angezogen haben, wie sie sich ihrer selbst sicher war, in sich ruhte und doch offen sein konnte für Gott und die Menschen. Anna Katharina Emmerick war eine selbstbewusste Frau, ihrer Zeit weit voraus.

Und so setzte sie sich auch mit dem Gottesbild ihrer Zeit auseinander. Sie erlebte ihrer Zeit und ihrem Stand entsprechend eine strenge Kindheit. Armut, Not und Krankheit prägten das Bild ihrer Zeit. Armut, Not und Krankheit wurden als Strafe Gottes für ein sündiges Leben angesehen, also mussten die Strafen ertragen werden. Mit viel Gebet, Buße und Frömmigkeitsübungen versuchte man, Gott zu besänftigen. Mit diesem Bild des strafenden Gottes ist Anna Katharina Emmerick groß geworden. Doch indem sie sich immer tiefer mit dem Leben Jesu beschäftigte, wandelte sich ihre Vorstellung von Gott. Das ist umso erstaunlicher, als es gar nicht der Überzeugung der Menschen und der Kirche in ihrer Zeit entsprach.

Im Dienst für den gütigen Gott

Ihre Erfahrungen haben ihre tiefe, persönliche Beziehung zu Gott geprägt. Auch hier war sie die selbstbewusste Frau, die sich unabhängig davon machte, was »man« glaubte, was »man« als Christ tat. Je tiefer sie in die Gottesbeziehung hineinwuchs, umso mehr wuchs das Bild des gütigen Gottes in ihr. Seine Last war ihr leicht, bei ihm ruhte sie sich aus.

So zeigte sie ihr Selbstbewusstsein im Dienen. Sie diente Gott mit allem, was sie besaß. Sie stellte all ihre Kraft in den Dienst des Klosters und auch ihrer Mitschwestern. Bei allem Gespött redete sie nicht schlecht von den anderen. Das ist bezeugt. Ebenso stand sie den Menschen außerhalb des Klosters bei und gab, wenn nötig auch ohne Wissen der Oberin.

In ihrer Krankheit fanden immer wieder die Menschen in Not zu ihr. Sie nahm diese Menschen auf, äußerlich und vor allem mit ihrem Herzen. Sie hörte ihnen zu, nahm ihre Not ernst, trug die Not vor Gott und unternahm alles, um auch konkret zu helfen. Bei allen Schmerzen nähte sie, so viel sie konnte für die Armen.

Dabei hatte sie gut im Blick, was die anderen brauchten. An ihrem Bett saßen ja auch Menschen, denen es materiell gut ging. Auch für sie war sie da. Und da scheint sie eine besondere Gabe gehabt zu haben, ihnen wirklich zu dienen. Es ging darum, dass jede Person ihren eigenen Weg des Glaubens findet.

Jeder muss seine Art Christentum leben

Dem Arzt, der ein schlechtes Gewissen wegen seiner Art zu leben hatte, machte sie deutlich: Jeder muss seine Art Christentum leben. Luise Hensel, die überlegte, ins Kloster zu gehen, riet sie davon ab. Es ging nicht darum, viel zu beten, sondern die je eigenen Pflichten des Alltags zu erfüllen. Das Evangelium vom Gebot der Gottes- und Nächstenliebe war für sie so etwas wie eine Leitlinie für ihr Leben.

Sie war jedoch ihrer Zeit weit voraus, wenn sie auch instinktiv spürte, dass dazu eine starke, selbstbewusste Persönlichkeit gehört. Nur wer sich selbst in rechter Weise lieben kann, so sagt uns die Psychologie heute, kann auch andere wirklich lieben.

Anna Katharina Emmerick liebte Gott aus ganzem Herzen und war sich seiner Liebe sicher. Weil Gott sie vorbehaltlos liebte, konnte sie sich selbst lieben so wie sie war. Von Gott geliebt, konnte sie sich ganz in den Dienst an anderen Menschen stellen.

Mir persönlich hat die Beschäftigung mit Anna Katharina Emmerick gut getan und viel Freude gemacht, aber mich auch innerlich in Bewegung gesetzt. Sie stellt mich vor die

Frage: Was ist mein Lebensauftrag? Wie kann ich ihn heute leben in meinem Alltag?

Ich muss nicht werden wie Anna Katharina Emmerick, zum Glück nicht, das wäre mir einige Nummern zu groß. Aber ich muss meinen Weg finden in Liebe zu mir, zu Gott und meinen Mitmenschen.

Das eigentliche
Wunder im Herzen

Dechant Johannes Hammans veranschaulicht, wie Anna Katharina Emmerick Hilfesuchenden Vertrauen und Kraft schenkte

Es gibt Zufälle, deren Zusammentreffen uns fragen lassen, wie das wohl alles zusammenhängt. Noch während wir uns in der Vorbereitung auf die Seligsprechung Anna Katharina Emmericks Gedanken machten, wie wir den Menschen heute einen Zugang zu ihr eröffnen konnten, wurde sie plötzlich wieder in der ganzen Welt genannt.

Der Film »Die Passion Christi« von Mel Gibson hat weltweites Aufsehen erregt, die Medien beschäftigen sich intensiv mit ihm. Der Regisseur Mel Gibson beruft sich dabei auf die Evangelien, allerdings sagt er, sie gäben nur Stoff für etwa eine halbe Stunde.

Mel Gibsons wichtigere Quelle ist dabei ein Buch, das in vielen katholischen Familien bis vor fünfzig Jahren weitaus verbreiteter war als die Bibel: »Das bittere Leiden unseres Herrn Jesus Christus«, nach den Betrachtungen der gottseligen Anna Katharina Emmerick aufgeschrieben von Clemens Brentano.

Von der Mitte des 19. Jahrhunderts bis zur Mitte des 20. Jahrhunderts bezogen die Katholiken in unseren Breiten ihr Wissen über die Passion Jesu aus diesem Buch; heute ist es vor allem noch in anglo-amerikanischen Kreisen sehr verbreitet.

Bei uns ist es fast vollständig aus den Regalen verschwunden. Viele Szenen aus dem Passionsfilm finden sich im Buch wieder, z. B. übergibt die Frau des Pilatus der Mutter Jesu Leinentücher, mit denen sie dann das Blut Jesu nach der Geißelung aufwischt.

Die »Süddeutsche Zeitung« hat in ihrer Ausgabe vom 20. März 2004 A. K. Emmerick, Clemens Brentano und Mel Gibson eine ganze Seite gewidmet. Dort heißt es: »Wenn Jesus vom Satan versucht wird oder am Ölberg verzweifelt, wenn er von den Häschern gefangen genommen, verspottet und gefoltert wird, wenn er am Kreuz über Stunden hin verendet, so geschieht das keineswegs wie in den Evangelien vorgeschrieben, sondern in der ekstatischen Einfühlung einer Kleinbauerstochter aus dem westfälischen Dülmen. Stets führt Mel Gibson eine Reliquie dieser Frau mit sich, ein Stück von ihrem Ordenskleid, blutgetränkt. Wenn, wie Gibson gern sagt, bei seinem Film ›der Heilige Geist Regie geführt‹ hat, dann stammt das Drehbuch von Anna Katharina Emmerick und ihrem Privatsekretär Clemens Brentano.«

Fast sarkastisch wird hier über jene Visionen A. K. Emmericks und ihre Stigmata sowie ihre Beziehung zu Brentano geschrieben. Es scheint, als würden diese Ereignisse vor fast 200 Jahren die Menschen bis heute bewegen und entweder zum Sarkasmus oder zu Bewunderung führen.

Ein Wunder inmitten der Zeitenwende

Was war Aufregendes passiert in der Kleinstadt Dülmen Anfang des 19. Jahrhunderts, dass sogar die Großen der damaligen Welt sich damit beschäftigten? Nicht nur die Kirche, auch die preußische Regierung in Berlin und die französische Besatzungsmacht in Düsseldorf, große romantische Dichter und angesehene Theologen wurden in Unruhe versetzt und machten sich auf den beschwerlichen Weg nach Dülmen.

Es war eine Schwellenzeit, in der sich die Welt im Umbruch befand. Französische Revolution und Aufklärung hatten die Welt verändert, die Kirche verlor ihre politische Macht, das Hochstift Münster wurde aufgelöst und die Klöster aufgehoben, Westfalen wurde von den Preußen im fernen Berlin regiert, eine protestantische Macht, die den Katholiken nicht ganz geheuer war.

Kriege bedrohten das Leben der Menschen, und die durch Dülmen verlaufende Heerstraße ließ das Elend des Krieges auch in dieser Kleinstadt spürbar werden. Als Gegenbewegung zur Aufklärung entstand die Romantik, ein bedeutender Vertreter war der Dichter Clemens Brentano.

Inmitten dieser Zeitenwende geht die Kunde eines Wunders durch die Lande, plötzlich ist das kleine Städtchen Dülmen in aller Munde. Die Kirche ist aufgeschreckt, die Regierung im fernen Berlin wird Nachforschungen betreiben, bedeutende Theologen wie der spätere Bischof von Regensburg, Michael Sailer, und Melchior Diepenbrock, später Bischof von Breslau, werden aufmerksam. Große Dichter wie die Brüder Christian und Clemens Brentano, Bettina und Achim von Arnim und Luise Hensel machen sich auf den Weg nach Dülmen.

Und das alles löste eine ehemalige Nonne aus, die in ihrem Leben nicht weiter als von Coesfeld nach Dülmen kam und deren Schulbildung nur ein paar Monate gedauert hatte.

Kirche und Regierung befürchten Betrug

Was war geschehen? Nach langem Streben war es Anna Katharina Emmerick endlich gelungen, Aufnahme in einem Kloster zu finden. Doch ihr Glück war nicht von langer Dauer. Das Augustinerinnenkloster Agnetenberg in Dülmen wurde am 3. Dezember 1811 aufgehoben, und alle Nonnen wurde aus dem Haus gewiesen. Als Letzte der Schwestern verlässt Anna Katharina Emmerick im März 1812 mit einer Mitschwester die Klostermauern und findet zunächst Aufnahme im Haus der Witwe Roters. Sie ist finanziell unabhängig, denn der neue Hausherr des Klosters, Herzog Croy, zahlt ihr eine Leibrente.

Sie wird Haushälterin des in der Französischen Revolution emigrierten Priesters Abbé Lambert. Doch kann sie diese Tätigkeit nie richtig ausführen, da sie bald schwer erkrankt und fast ständig ans Bett gefesselt ist. Das Verlassen des Klosters stürzt Anna Katharina Emmerick in eine tiefe Existenzkrise, alles, was sie erreichen wollte, ist ihr genommen. Dazu kann sie wegen der Krankheit, wahrscheinlich ist es eine Lungentuberkulose, ihr Bett kaum noch verlassen. In ihrem Leiden verbindet sie sich intensiv mit dem Leiden Jesu, seine Schmerzen empfindet sie am eigenen Körper nach.

Im November 1812 zeigen sich die ersten Stigmata auf ihrer Brust, es sind Stiche, die dem Coesfelder Kreuz ähneln. Zwischen Weihnachten und Neujahr erscheinen die weiteren Stigmata, Wunden, die den Wundmalen ähneln, fast sechs Zentimeter lange Narben an den Händen und Füßen und an der linken Brustseite. Die Wunden beginnen zu bluten, meistens mittwochs und freitags, besondere Tage des Gedenkens der Leiden Jesu Christi. Auch auf der Stirn zeigen sich kleine Wunden, die zu bluten beginnen.

Schon im Kloster hatte sie um das Jahr 1799 Schmerzen am Kopf gespürt, da waren diese Wunden zum erstenmal aufgetaucht, den Wunden der Dornenkrone nachempfunden.

Das Wunder der Stigmata bleibt natürlich nicht verborgen. Die Dülmener eilen in Scharen in ihr Zimmer, um die Wundmale zu bestaunen. Für sie sind es Zeichen Gottes, der ihnen hier einen Beweis seiner Existenz hinterlässt.

Auch die Kirche wird schnell aufmerksam, Dechant Rensing von St. Viktor ist alarmiert, als aufgeklärter Pfarrer sind ihm diese Stigmata nicht geheuer. Er informiert den damaligen Generalvikar Clemens August Droste zu Vischering (der Bischofssitz war in jenen Jahren vakant). Dieser ordnet eine kirchliche Untersuchung an, denn die Kirche befürchtet, dass es nicht mit rechten Dingen zugeht, sie möchte einen Skandal auf jeden Fall vermeiden.

Was die Kirche befürchtet – einen Betrug von A. K. Emmerick –, das hofft die preußische Regierung aufzudecken. Darum ordnet sie ebenfalls eine Untersuchung an. Doch zu jener Zeit um 1818/19 haben die Blutungen aufgehört, die Untersuchung befasst sich deshalb mit der Nahrungslosigkeit von A. K. Emmerick. Oberpräsident von Vincke beauftragt Landrat Bönninghausen mit der Untersuchung.

A. K. Emmerick wird für drei Wochen in das Haus Mersmann gebracht, Tag und Nacht bewacht. Aber wie bei der kirchlichen Untersuchung können auch die preußischen Beamten nichts beweisen, sie finden keinen Betrug und verlassen ergebnislos die Stadt.

Alle Welt befasst sich mit dem Wunder. Die Aufgeklärten sehen in ihm ein Zeichen des Aberglaubens rückständiger

Katholiken und eine Verschwörung seitens der Kirche. Dagegen wird es für viele Christen zum Beweis des Glaubens.

Sie selbst hat um die Wundmale gebetet

Und A. K. Emmerick selbst, wie sieht sie selbst diese Wundmale? Aufschluss geben die kirchlichen Untersuchungen im März 1813:

Die Aufforderung »Erklären Sie uns vor Gott unserem gerechten Richter, der Unwahrheit straft, woher rührt das Kreuz auf Ihrer Brust?« beantwortet sie: »Das kann ich nicht sagen, ich weiß es selbst nicht, woher.«

Auch auf die Zusatzfrage »Sagen Sie mit Wahrheit und auf Ihr Gewissen, woher rühren die Wunden an Ihren Händen und Füßen und in Ihrer rechten Seite?« antwortet A. K. Emmerick: »Da kann ich auch nicht mehr sagen als das Vorige.«

Weiter wird geforscht »Haben Sie es gar nicht empfunden, als Sie die Wunden an Händen und Füßen und an Ihrer Seite erhielten?« Die Antwort: »Ja, Schmerzen habe ich empfunden, aber ich habe nicht gewusst, dass es Wunden waren.«

Dann die Frage: »Wann haben Sie die Wunden an Ihren Händen und Füßen erhalten und wann in der Seite?« Und die klare Antwort: »Die Wunden an den Händen und Füßen habe ich etwas vor Neujahr des laufenden Jahres, die Wunde an der Seite einige Tage später bekommen.«

Anschließend wird A. K. Emmerick gefragt: »Haben Sie es als eine ausgezeichnete Gnade von unserem Heiland erbeten, dass er Sie auch körperlich, d.h. durch seine fünf Wundmale ihm ähnlich mache?« Darauf A. K. Emmerick knapp: »Ja!«

Zuletzt die Frage: »Sind Sie fest und in Ihrem Gewissen überzeugt, dass Sie das Kreuz auf Ihrer Brust, die Wunden an Händen und Füßen und in Ihrer Seite, so auch die blutigen Stiche um Ihre Stirn, sich nicht selbst verursacht haben und sie auch von keinem Menschen mit Ihrem Wissen bekommen, sondern durch eine besondere göttliche Gnade, und also durch ein wahres Wunder erhalten haben?« Es folgte die bestimmte Antwort: »Davon bin ich überzeugt, in Hinsicht des Wunders, so glaube ich und hoffe es.«

Die Schmerzen entblößter Berühmtheit

Vor allem die vorletzte Antwort befremdet uns heute, A. K. Emmerick hat selbst um die Wundmale gebetet, sie geradezu herbeigesehnt. Diese Leidensmystik ist uns fremd und stößt viele ab. Aber A. K. Emmerick spürt bald selbst, dass das, warum sie so innig gebetet hat, sie an ihre Grenzen bringt. Sie sagt:»Ich habe Gott oft um Leiden und Schmerzen gebeten: aber jetzt leide ich Versuchung, ihn zu bitten: Herr halte ein, nicht mehr, nicht mehr! Im Kopf werden die Schmerzen so arg, dass ich fürchte, ich möchte die Geduld verlieren.« Sie wird die Wunden den Augen der Zuschauer entziehen und diese verbinden.

Nicht nur körperliche Schmerzen bringen ihr die Stigmata, sie wird zu einer öffentlichen Person. Alle Welt interessiert sich nun für sie. Bedeutende Ärzte kommen nach Dülmen, so auch Dr. Franz Wilhelm Wesener, ein hoch gebildeter und engagierter Mann. Er will die Wundmale erforschen, aber im Laufe der Zeit wird er ein Freund A. K. Emmericks. Ihm vertraut sie sich an, und er schreibt über ihr Leiden: »Sie klage, dass sie nicht allein gegen Schmerzen zu kämpfen habe, sondern noch mehr gegen die Regungen der Abneigung gegen jene, die durch ihre Plaudereien ihre Geschichte ins Offene gebracht und ihr dadurch so peinliche Folgen verursacht hätten.«

Ihre neue Berühmtheit wird für sie zu einer schweren Belastung, manchmal schwerer als die Schmerzen der Krankheit und der Wundmale. Unter den vielen Besuchern sind auch viele Dichter, Christian Brentano und seine Schwester Bettina von Arnim kommen nach Dülmen und auf ihr Drängen später auch Clemens Brentano.

Fünf Jahre wird dieser in Dülmen bleiben und ihre Visionen aufzeichnen. Er schreibt über das schwierige Leben A. K. Emmericks: »Es war ein schwerer Beruf, allen ein Rätsel, den meisten eine Verdächtige, vielen ein Gegenstand scheuer Verehrung zu sein, ohne in Ungeduld, Hass oder Stolz zu fallen. So gern sie sich vor der Welt verschlossen hätte, nötigte sie bald der Gehorsam, unzähligen Neugierigen ein Gegenstand der verschiedenartigsten Beurteilung zu werden. Die heftigsten Schmerzen leidend, hatte sie gewissermaßen auch noch ihr Eigentumsrecht an sich selbst verloren und war ohne irgendeinen Vorteil zum Nachteil ihres Leidens und ihrer Seele gleichsam zu einer Sache geworden, welche zu beschauen und zu beurteilen jedermann das Recht zu haben glaubte.«

Auch sein Schwager Achim von Arnim bestätigt dies: »Es gibt vielleicht ein neues Martyrium, in welchem Leute nicht aus Hass, sondern aus Wissbegierde, um zu sehen, was eine fromme Seele eigentlich sei, in Scheidewasser und Feuer gesteckt und lebendig anatomiert werden.«

Ein Objekt wird untersucht und vorgeführt

A. K. Emmerick ist zu einem Objekt geworden, sie wird bestaunt, untersucht und vorgeführt. Man interessiert sich nicht für sie selbst, allein ihre Wunden sind interessant. Die einen wollen den Betrug aufdecken, andere ernsthaft das Wunder nachweisen und wissenschaftlich belegen.

Dies alles lässt sie mehr oder weniger geduldig über sich ergehen. Der Schmerz und die Wunden sind für sie jedoch kein Selbstzweck. In ihnen spürt sie dem Leid der anderen nach, macht das Leiden zu ihrem Leiden, den Schmerz zu ihrem Schmerz. Das Mitleiden wird für sie zum Weg einer neuen Geschwisterlichkeit. So sagt sie: »Der Schmerz eröffnet nicht nur unsere Ohnmacht und Verletzlichkeiten, sondern lässt uns auch eine tröstliche Möglichkeit der Existenz erkennen – die Möglichkeit einer Bruderschaft im Schmerz.«

Dieses Mitleiden ist für sie nicht neu, schon in früher Jugend hat sie sich intensiv in andere hinein versetzen können, ist sie ihnen nachgegangen. »Ich hatte dieses Mitleiden schon von Kind an. Die Nachricht von Unglück, Leiden, Krankheit, Sünde anderer Leute hörte ich immer mit einer solchen Empfindung an, dass ich oft ganz starr da saß und meine Eltern fragten, ob ich krank oder unweis sei. Schon sehr früh trugen sich die Schmerzen anderer, wenn ich für sie betete, auf mich über.«

Trotz ihrer Not sieht sie die Not der anderen

Sie versuchte, das Leid der anderen zu mildern, indem sie es an sich selbst spürte. Ihre Vorstellungskraft war enorm, zeigte sich in ihren Visionen und eben in diesem Mitleiden. »Der größte Teil meiner Krankheiten und Schmerzen mein ganzes Leben hindurch war übernommenes Leid für andere. Entweder, dass ich die wirkliche Krankheit eines anderen, der sie nicht mit Geduld zu tragen vermochte, auf mich herüber betete und statt seiner ganz oder teilweise auslitt, oder dass ich für irgendeine Schuld der Not zu zahlen mich Gott hingab und dass dieser jene Schuld einer Art derselben angemessenen Krankheit als Buße an mir ergehen und auskämpfen ließ.«

Wieder dieses befremdliche Leiden für die Schuld anderer. A. K. Emmerick lebt in einer Zeit, in der die Menschen das Leid und Elend als Strafe Gottes ansehen. Noch heute empfinden viele Menschen so, wenn sie sagen: Was habe ich getan, dass gerade ich dies erleiden muss?

Sie suchen nach einer Ursache ihres Leides. Dahinter steckt oft die Vermutung, selbst schuld am eigenen Leid zu sein. Doch für A. K. Emmerick ist es nicht ein strafender Gott, der hinter dem Leid steht. Da ist sie wieder ganz modern, findet zu einem ganz anderen Gottesbild.

Ihre Mutter lebt nach dem Grundsatz: »Mein lieber Gott, schlage so hart als du willst, aber gib Geduld!« Das Leben einer Köttersfamilie wie das der meisten Familien damals war hart und karg. Sie fühlten sich von Gott geschlagen, und sie flehten ihn um Stärke im Aushalten an.

Anna Katharina Emmerick denkt anders als ihre Mutter, sie sagt etwa zu ihrem Arzt Dr. Wesener: »Beten Sie: Herr mach mit mir, was du willst, dann gehen Sie ganz sicher, denn das gütigste, liebreichste Wesen kann nur Gutes Ihnen zufügen.«

Gott ist für sie kein strafender und schlagender Gott, von ihm erwartet sie die Seligkeit. Selbst von Krankheit geschlagen, sieht sie ihr Leben nicht als Unglück an. Zu ihrer Freundin Clara Söntgen sagte sie: »Du siehst ja wohl, dass der liebe

Gott mich keine Not leiden lässt. Er gibt mir immer was wieder.«

Das ist das Erstaunliche an A. K. Emmerick, sie verzweifelt nicht in ihrem Elend, vielmehr ist sie meist fröhlich und gut gelaunt. Trotz all ihrer Not sieht sie in den anderen oft eine viel größere Not, nicht immer körperlich, oft seelischer Natur. Die Menschen, die sie besuchen, erleben eine starke Frau, die nicht am Schicksal zerbricht, sondern gerade denen Kraft schenkt, die ihr eigentlich Mitleid entgegenbringen wollen.

Sie vertröstet nicht – sie tröstet

Darin wird A. K. Emmerick wahrhaft sympathisch, im wahrsten Sinn des Wortes mitfühlend, eine, die nicht nur vertröstet – es wird alles wieder gut –, sondern tröstet, weil sie die Schmerzen selbst mitfühlt und spürt.

Kranke Menschen wie die Frau des ehemaligen Klosterarztes Dr. Krauthausen werden zu ihr ins Zimmer getragen. Dort spüren diese, dass sie eine Mitschwester im Leid haben. Die schwindsüchtige Hauswirtin und Schwester des Beichtvaters Limberg verbringt ihre Sterbewochen im Zimmer der Anna Katharina Emmerick.

Diese träumt davon, dass sie die Frau ins Jenseits begleitet und dann auf Knien die Treppe wieder hinaufsteigt. Am anderen Tag tun ihr die Knie tatsächlich weh. So stark ist ihr Mitgefühl.

Wir kennen dieses Mitfühlen zum Beispiel beim Arztbesuch. Ich bin erkrankt und lebe vielleicht in der Sorge, dass niemand versteht, wie schlimm es um mich steht. Im Wartezimmer, im Gespräch mit anderen entdecke ich plötzlich, dass es vielen Menschen ähnlich wie mir geht. Mein Leid ist gar nicht so schlimm und einzigartig, wie ich es zuvor meinte. Manchmal finden wir Trost, wo wir eigentlich selbst Trost spenden sollten.

Jahrelang habe ich eine Frau besucht, die an Multipler Sklerose litt. Sie war so voller Vertrauen und Zuversicht, dass ich immer wieder erstaunt und gestärkt von ihr wegging. Alle zwei Jahre fuhr sie nach Lourdes: »Nicht dass Sie meinen, ich erwarte dort ein Wunder«, so sagte sie einmal zu mir, »nein, auf ein Wunder warte ich nicht. Aber ich finde dort Kraft für die nächsten Jahre.«

Vordergründige Suche nach Beweisen

So etwas haben die Menschen bei A. K. Emmerick erlebt: Sie fanden bei ihr Kraft für ihr Leben. Sie war so voller Zuversicht und Glaubensstärke, dass sie viele Menschen damit angesteckt hat.

Das ist das eigentliche Wunder! Nicht an ihren Händen und Füßen geschah dieses Wunder, sondern in ihrem Herzen. Dort ist das eigentliche Wunder zu suchen, dort fanden die Menschen Vertrauen und Kraft.

Paulus schreibt im ersten Korintherbrief: »Die Juden fordern Zeichen, die Griechen suchen Weisheit. Wir dagegen verkündigen Christus als den Gekreuzigten.« Ein Zeichen zu suchen, ein Wunder zu erwarten, das ist vielen Glaubenssuchenden bis heute sehr wichtig. Geschieht irgendwo in der Welt ein Wunder, erscheint die Gottesmutter, weint eine Marienstatue oder erscheinen Stigmata, dann strömen die Menschen zusammen. Sie suchen ein Zeichen, das ihren Glauben untermauert und beweist.

Das hat auch Clemens Brentano und viele andere damals nach Dülmen geführt. In der Zeit der Aufklärung suchten sie den Beweis des Mystischen, den Beweis des Glaubens. Sie meinten ihn in den Wunden der Anna Katharina Emmerick selbst gefunden zu haben. Von Brentano wird berichtet, dass er Tücher auf die Wunden der A. K. Emmerick legte und später allen Menschen diese blutgetränkten Tücher zeigte. Sie waren für ihn ein Glaubensbeweis.

Ähnlich geht auch Mel Gibson an die Passion Christi heran. Er tut so, als würde er die Historie über den Leidensweg Jesu darstellen. Doch die biblischen Quellen sind dafür viel zu dünn. Er beruft sich auf die Mystiker, allen voran A. K. Emmerick. Doch zum einen wissen wir nicht, was in dem Buch »Das bittere Leiden unseres Herrn Jesus Christus« ihre Visionen sind und was C. Brentano dazu gedichtet hat.

Zum anderen hat A. K. Emmerick keinen Tatsachenroman verfassen wollen. In ihren kurzen Traumbildern, in denen sie

129

unter anderem das Leiden Jesu sieht und nachempfindet, geht es ihr um eine innige Verbindung mit ihrem Herrn. Diese Visionen waren für sie Gebet und Andacht. Erst C. Brentano fügt sie, die er auf über 16.000 Zetteln aufgeschrieben hat, mit anderen überlieferten Visionen zu seinem Werk zusammen.

Clemens Brentano und mit ihm viele andere Romantiker suchen A. K. Emmerick wegen des Wunders auf. Und sie bleiben in diesem Wunder stecken. Wie enttäuscht war Brentano, als die Wundmale nach einigen Jahren zu bluten aufhörten. Aber das eigentliche Wunder vollzog sich in A. K. Emmerick und in den vielen Besuchern, die zu ihr kamen.

Suchende finden Trost

Die Auflösung des Klosters hatte Anna Katharina Emmerick in eine tiefe Existenzkrise gestürzt. Sie fand sich allein und krank in einem Hinterzimmer wieder, ohne die schützenden Klostermauern. In dieser Existenzkrise hat sie ihr eigenes Leid mit dem Leiden Jesu verbunden, wurde ganz eins mit ihm bis hin zu den Wundmalen. Sie versteckt ihre Wunden hinter vielen Binden und wendet sich den Menschen zu.

Ihr Arzt Dr. Wesener beschreibt sie als ein fröhliches Wesen, das trotz der Krankheit den Lebensmut und die Zuversicht nicht verliert. Die Menschen, die sie aufsuchen –

meist angezogen vom Wunder –, erfahren bei ihr Trost und Lebenshilfe.

Die Wundmale sind Zeichen einer Lebenskrise; die getrösteten Besucher sind Zeichen ihres Lebensmutes. Da wo wir heute versucht sind zu sagen, dass das Leben nicht mehr lebenswert ist angesichts von Krankheit und Leid, da zeigt A. K. Emmerick einen Lebensmut und Lebenswillen, der unsere Werte tief in Frage stellt.

A. K. Emmerick lebte in einer Zeitenwende, heute erleben wir eine ähnliche Zeitenwende. Damals wurden Klöster aufgelöst, heute sind es Pfarrgemeinden. Ähnlich wie zu ihrer Zeit brechen Stützen des Glaubens weg, scheint sich der Glaube selbst zu verflüchtigen. Wenn der äußere Halt wegbricht, dann brauchen wir einen inneren Halt.

Ein solchen Weg zeigt A. K. Emmerick. Lassen wir Wunder und Wundmale weg und schauen wir auf die Wurzeln, dann erscheint hier eine glaubensstarke Frau, die ihr Leid nicht nur erträgt, sondern trägt und vielen Menschen zur tragenden Stütze im Leben wird.

Darum ist es so wichtig, diese lebendige Frau hinter ihrem in der Romantik stecken gebliebenen und über die Jahrhunderte verklärten »Standbild« wieder zu entdecken. Die Frau, die keine Wunder erwartete oder Wissenschaft forderte, sondern Christus verkündete.

Wegkreuz

»Sie ist wie ein Kreuz am Wege.«
Clemens Brentano über Anna Katharina Emmerick

Dem Wegkreuz gleichst du, Schwester unserer Schmerzen,
das unter Eichen ragt im Münsterland –
bleibst Suchenden und Armen zugewandt
mit offenen Händen und bewegtem Herzen.

Die Male trägst du – wie von Dornen, Wunden,
die schuldlos der Erlöser einst erlitt,
der durch sein Sterben Leben uns erstritt –
in dem du Frieden, Seligkeit gefunden.

Dem Wegkreuz gleichst du, Schwester unserer Leiden,
vor dem wir innehalten, stillestehen
und Segen über uns, die Welt erflehn –
scheinst zwischen Erde, Himmel ausgespannt,
uns Wanderern auf verschlungenem Weg verwandt:
Geleite uns zu Oster-hellen Freuden!

Helga Meschede

Drei vorbildliche Lebenshaltungen

Hans-Josef Joest charakterisiert die Alltags-Bewährung, die Krankheits-Bewältigung und die Eucharistie-Verehrung von Anna Katharina Emmerick

Wer war Anna Katharina Emmerick?

Größe und Schwäche: Sie lebte an der Wende vom 18. zum 19. Jahrhundert, stammte aus kleinbäuerlichen Verhältnissen, besuchte nur wenige Wochen eine Schule. Krankheiten begleiteten sie, die letzten zehn Jahre war sie unter großen Schmerzen bettlägerig. Doch ungeachtet aller Begrenzungen gab sich Anna Katharina Emmerick niemals auf und konnte deshalb ihren Mitmenschen Hoffnung schenken. Mit gläubiger Kraft richtete sie Verzweifelte auf, half Notleidenden mit ihren letzten Ersparnissen, ermutigte Suchende zu einem Neuanfang im Glauben.

Wurzeln und Halt: Anna Katharina Emmerick kam am 8. September 1774 als fünftes von neun Kindern der Köttersfamilie Bernhard und Anna Emmerick in Flamschen zur Welt, einer Bauerschaft drei Kilometer südwestlich von Coesfeld. Das Münsterland war nicht nur ihre Heimat, es blieb ihre Welt: anderes als Coesfeld, Dülmen und Umgebung hat sie nie gesehen. Aber ihre bildliche Erlebniswelt sollte alle Grenzen sprengen.

Herkunft und Auskommen: Die Kötterstochter lebte in schwierigen Zeiten: blutige Kriege als Folge der Französischen Revolution, Hungersnöte, Missernten und Seuchen hielten die Menschen in Angst und Not. Obwohl von Mangelernährung gezeichnet, musste sie daheim früh Vieh hüten und bald auf dem Acker schuften. Mit Zwölf kam sie als Magd zu einem Bauern. Dann lernte sie nähen, richtete daheim eine kleine Nähstube ein und ging als Wandernäherin von Hof zu Hof. Als Lohn für ihre Arbeit erhielt sie zumeist Flachs für Leinwand – die typische Mitgift.

Auflehnung und Ablehnung: Die Eltern drängten die 16-Jährige zur Heirat, aber Anna Katharina setzte sich diesem Wunsch entschieden und beharrlich entgegen: sie wünschte in ein Kloster einzutreten. Doch dort wollte man keine »Bauerndirne«. Als schließlich die Klarissen in Münster Interesse an Anna Katharina zeigten, wenn sie denn Orgel spielen könne, ging sie 1799 als Magd zum Kantor Söntgen nach Coesfeld, um von ihm Orgelspielen und von seiner Tochter

Klara Lesen und Schreiben zu lernen. Aber in den folgenden drei Jahren sollte sie nie auf der Orgelbank sitzen. Da Söntgens Frau schwerkrank war, forderte der Haushalt alle ihre Kräfte, und die drückende Not bei Söntgens ließ sie ihre gesamte Mitgift für Brot und Medizin opfern.

Erwartung und Wirklichkeit: Ein Klostereintritt schien deshalb endgültig aussichtslos. Doch als die Augustiner-Nonnen im Kloster Agnetenberg in Dülmen Söntgens Tochter Klara die Aufnahme anboten, erwirkte der Kantor, dass auch die mittlerweile 28-jährige Anna Katharina mit aufgenommen wurde. Welch eine Enttäuschung folgte darauf: das Kloster verwahrlost, das Glaubensleben formelhaft oberflächlich. Zum Beispiel widersetzten sich die Mitschwestern Anna Katharinas Wunsch nach langen Gebetszeiten in der Kirche und häufigem Empfang der Eucharistie. Auch in der Klostergemeinschaft blieb sie die Magd, gerade gut genug für die schmutzigsten Arbeiten; an den Folgen eines schweren Unfalls in der Waschküche sollte sie lebenslang leiden. Zehn Jahre nach ihrem Eintritt wurde das Kloster aufgelöst. Der aus Frankreich geflüchtete Klostergeistliche Abbé Lambert nahm sie daraufhin als Hauswirtschafterin mit in seine bescheidene Dülmener Wohnung.

Schmerzen und Spannungen: Schon wenige Monate später konnte Anna Katharina schwerkrank selbst den kleinen

Haushalt von Abbé Lambert nicht mehr führen. Sie holte ihre jüngere Schwester Gertrud mit ins Haus – und vergrößerte damit ihre seelischen Belastungen. Denn ihre Schwester war sogar mit den wenigen Hausarbeiten überfordert, und obendrein löste Gertrud mit ihrem äußerst schwierigen Charakter zusätzliche Spannungen aus.

Gottesnähe und Entwürdigung: In schwerer Krankheit fand Anna Katharina Emmerick zu einer tiefen Gottesbeziehung. Christus am Kreuz wurde ihr nahe als ein Gott, der mit den Menschen leidet – sie fühlte sich von diesem Gott geliebt, weil er auch mit ihr litt. Ihre Verbundenheit mit dem Gekreuzigten zeigte sich auch darin, dass Anna Katharina Emmerick seit 1812 seine Wundmale trug: an Händen, Füßen und auf der Brust, zudem feine Einstiche am Kopf. Entwürdigende Schaulust, leidvolle kirchliche und staatliche Untersuchungen, selbst üble Verleumdungen waren die Folge.

Enge und Weite: Ihre letzten zehn Lebensjahre waren geprägt von zeitweise unerträglichen Schmerzen und geringer Nahrungsaufnahme. Obwohl Anna Katharina sich nur noch selten allein im Bett aufrichten konnte, nähte sie weiterhin aus Stoffresten Kinderkleidung für mittellose Familien. So eng auch ihre schmucklose Krankenstube war, sie bildete den Ausgangspunkt für große Visionen des biblischen Geschehens. Mit einer außergewöhnlichen bildhaften Erlebnisfähigkeit begabt, machte Anna Katharina anderen so ihre gläubige Innerlichkeit zum Geschenk – eröffnete suchenden und der Kirche entfremdeten Menschen einen neuen Zugang zum Glauben.

Scheitern und Vollendung: Als Anna Katharina Emmerick am 9. Februar 1824 nach Auskunft ihres Arztes »unter unbeschreiblichen Qualen« starb, schien das Leben der 49-Jährigen vordergründig gescheitert: den ärmsten Verhältnissen nicht entronnen, ohne gründliche Schulbildung, der Wunsch nach einem erfüllten Leben in einer Ordensgemeinschaft früh zerbrochen, seit Kindheit von Schmerzen gezeichnet, über Jahre ans Bett gefesselt, kaum ein Tag ohne existenzielle Sorgen. Doch im vordergründigen Scheitern wuchs Anna Katharina Emmerick zu einer bewundernswerten Größe: Die unheilbar Kranke heilte seelisch Leidende. Körperlich unbeweglich bewegte sie andere zur Umkehr. Aus ihrer Schwäche schöpften andere Kraft. Ihr unerschütterliches Gottvertrauen ermutigte zweifelnde Menschen, sich erneut auf Jesu Nachfolge einzulassen.

Grenzen und Entgrenzung: Anna Katharina Emmerick lebte ihre persönliche Berufung, an ihrem begrenzten Ort, mit ihren begrenzten Möglichkeiten, mit ihrer grenzenlosen Nächstenliebe. Aus dem Liebesmahl der Eucharistie wuchsen ihr Stärke und Mut zu, bis hin zu einer äußerst anspruchsvollen Glaubenshaltung: Wie Christus ließ sie ihr Leiden anderen zugute kommen. So konnte ihr Arzt Dr. Franz Wilhelm Wesener sich von der Schwerstkranken noch kurz vor ihrem Tod reich beschenkt fühlen: »Als sie mich am vorletzten Tag ihres Lebens empfindlich und von einer eben ausgestandenen Krankheit elend sah, drückte sie mir die Hand und flüsterte: ›Nur Mut, es wird besser mit Ihnen‹.«

Ist Anna Katharina Emmerick von gestern?

Vergangen und aktuell: Ihre Lebenszeit liegt 200 Jahre zurück, Kriegsgefahr und Hungersnöte sind ebenso weit von unserer Lebenserfahrung entfernt wie unzureichende Schulbildung, gesundheitsschädliche Kinderarbeit und langjähriges Siechtum ohne effektive Schmerztherapie. Ist Anna Katharina Emmericks Leben damit ein trauriges Kapitel – zwar traurig, aber von gestern? Nein, ganz im Gegenteil! Wie man oft im Leben erst im Abstand zu einem Ereignis klarer sieht und tiefer blickt, so besteht diese Chance auch in der Betrachtung des Lebens von Anna Katharina Emmerick: Nebensächliches tritt wohltuend in den Hintergrund, dafür gewinnt Markantes Profil.

Verklärt und verfälscht: Bis heute leidet die Wahrnehmung der Persönlichkeit von Anna Katharina Emmerick darunter, dass romantisch-verklärte Lebensbeschreibungen erschienen, die zuweilen mehr über den Seelenzustand der Autoren aussagten als über die tatsächliche Lebenshaltung der Emmerick. Selbst ihre Visionen, also ihr persönlichstes seelisches Schauen, wurden vom Dichter Clemens Brentano eigenmächtig in neue Zusammenhänge gestellt und mit Texten aus der mystischen Literatur vermischt.

Merkmale und Initiale: Was an Anna Katharina Emmerick, fern aller Verklärung und Verfälschung, kann uns Heutige ins Herz treffen, zum Aufhorchen bringen, unser Nachdenken herausfordern? Es sind drei herausragende Merkmale ihres Glaubenslebens, die sich so tief mit ihrer Persönlichkeit verbinden wie die Initiale mit dem Namen Anna Katharina Emmerick: A. K. E.

Was kann A. K. E. Menschen heute sagen?

Verschieden und verbunden: Das intensive Glaubensleben von Anna Katharina Emmerick ist von drei Grundhaltungen geprägt: A. steht für Alltags-Bewährung, K. bezeichnet ihre Krankheits-Bewältigung und E. beschreibt die Eucharistie-Verehrung. So unterschiedlich die Aspekte ihres Christseins ausfallen, sie wurzeln gemeinsam im unerschütterlichen Vertrauen von Anna Katharina Emmerick, in aller eigenen

Schwäche von Gott Stärke zu empfangen, jederzeit von Christi liebender Hand geleitet zu werden.

Strafend und liebend: Während angstvolle Schuldgefühle gegenüber dem strafenden Gott viele Menschen ihrer Zeit bedrückten, sah sie in Christus den Mitleidenden, der keiner Demütigung ausweicht, ja sein eigenes Leben nicht schont. Dieser menschennahe Gottessohn ließ sie die Herausforderungen ihres Alltags beharrlich angehen und selbst unter größten Schmerzen nicht verzweifeln. Diesen selbstlosen Erlöser wollte sie jederzeit in sich tragen, damit er ausstrahle.

Anlage und Entfaltung: Aus unerschütterlichem Gottvertrauen riet sie ihrem Arzt: »Beten Sie: ›Herr, mache mit mir, was du willst.‹ Dann gehen Sie ganz sicher, denn das gütigste, liebreichste Wesen kann Ihnen nur Gutes zufügen.« Sie war sicher, jeder kann eine innige Beziehung zu Gott aufbauen, wenn er betend die in jedem schlummernden Anlagen zur Gottesnähe entfaltet: »Alles ist eine Pflanze im Menschen und bedarf der Pflege, um zu gedeihen.«

Was bedeutet Alltags-Bewährung?

Haut und Kleid: Der große hinduistische Asket Mahatma Gandhi hat den Christen unnachahmlich den Spiegel vorgehalten. Von ihm stammt die Äußerung: »Ich wäre sicherlich Christ, wenn die Christen es 24 Stunden täglich wären.« Gandhis Kritik zielt auf diejenigen ab, die glauben, mit einer Stunde Gottesdienst dann und wann ihre »Christenpflicht« ableisten zu können. Typisch für diese Haltung ist ein Missverständnis: Der Glaube wird als schmückendes Beiwerk für Feiertage gesehen, als Lückenfüller im prallen Terminkalender, als Rückversicherung für dunkle Tage. Für Anna Katharina war der Glaube kein selten getragenes, feines Kleid für besondere Anlässe, der Glaube war ihre Haut – ständig und untrennbar mit ihr verbunden, prägendes Merkmal ihrer Persönlichkeit.

Nähe und Ferne: Aber auch Anna Katharina erfuhr, dass ein Glaubensweg nicht nur von Oase zu Oase führt, sondern sich zuweilen auch in Wüsten verlieren kann. Als junger Mensch durchlebte sie über mehrere Jahre eine Phase der Gottferne. Sie musste sich geradezu zwingen, einen Gottesdienst zu besuchen; Versuchungen quälten sie. Erst mit 21 Jahren kehrte die Freude am Kirchenbesuch zurück.

Entdecken und annehmen: Anna Katharina Emmerick prüfte sich intensiv, um herauszufinden, was ihre persönliche Berufung im Glauben war. Die wahre Religion besteht »nicht in vielem Beten«, erläuterte sie ihrem Arzt, »sondern in der Erfüllung seiner Pflicht«. Jedem Christen komme eine besondere Aufgabe zu, jeder müsse »die Bahn rechtschaffen durchlaufen, die ihm Gott, der Herr, vorgesteckt« habe. Diese besondere Aufgabe zu entdecken und anzunehmen, das verstand sie als Berufung der Glaubenden.

Nonnen und Mönche: Seit ihrer Kindheit bewunderte Anna Katharina Emmerick Ordensfrauen und Mönche in ihrem unmittelbaren Lebensbereich. Manchmal lief sie sonntags zu einem Feldweg in der Nähe des elterlichen Hauses, weil sie wusste, dass dort ein Coesfelder Kapuzinerpater auf dem Weg zur Christenlehre in einem Nachbardorf vorbeikam. Begeistert grüßte sie ihn dann und erhielt von ihm den Segen, »worüber sie sich recht innig gefreut habe«.

Vertraut und verändert: Im Alter von etwa 16 Jahren hatte Anna Katharina Emmerick ein Berufungserlebnis – nicht im stillen Kämmerlein, sondern auf dem Feld, während der Arbeit im Kreis der Geschwister und Landarbeiter. Es war drei Uhr nachmittags, und sie hörte die Glocke der Nonnen von Coesfeld läuten. Der Klang war ihr vertraut, wie oft hatte sie dem Geläut gelauscht, wenn der Wind günstig war? Aber diesmal schien alles anders, wie Dr. Wesener nach Anna Katharina Emmericks Bericht notierte: »Dieses Mal wandelte sie ein so unbeschreibliches Gefühl an, dass die Arbeiter ihr zu Hilfe eilen wollten, indem sie einer Ohnmacht nahe war. Es sei ihr vorgekommen, als wenn ihr einer zurief: Du musst ins Kloster, es gehe wie es wolle! Von dem Augenblick an sei auch ihr Entschluss fest gewesen.«

Wille und Widerstand: Fortan verfolgte Anna Katharina Emmerick beharrlich ihr Ziel, im Ordensleben ihre Berufung zu verwirklichen – ein schwieriger Entschluss! Denn er traf auf den erbitterten Widerstand der Eltern, und die ärmlichen Lebensverhältnisse der Familie erschwerten diese Absicht zusätzlich. Als Anna Katharina Emmerick sich ihrer Mutter anvertraute, hielt diese ihr die Schwierigkeiten klar entgegen. Sie stellte ihrer Tochter das Klosterleben »als etwas höchst Beschwerliches« dar. Für Anna Katharina werde es umso enttäuschender sein, »da sie als ein armes Bauernmädchen verachtet und verstoßen würde«. Von diesem Gespräch an, berichtete Anna Katharina Emmerick später, habe ihre Mutter »alles angewendet, um ihr diesen Gedanken auszureden«. Aber die junge Frau verfolgte ihre Berufung beharrlich und eigenständig weiter.

Abkehr und Zuwendung: Der Wunsch nach einem Leben im Orden bedeutete für Anna Katharina Emmerick keineswegs eine Flucht aus ihrer bedrückenden Welt, keine Abkehr von der Not in ihrer Nähe. Glaube war für sie nicht Privatfrömmigkeit. Gebete galten ihr mehr als eine Aneinanderreihung von Bitten um das eigene Wohlergehen. Was ihre Gebete neben dem Gotteslob vor allem sein sollten, verdeutlichte sie Dr. Wesener: »Das schönste, gottgefälligste Gebet ist übrigens das Gebet für andere.« Glaube im Alltag hieß für Anna Katharina Emmerick vor allem Anteilnahme, den Nächsten wahrnehmen, offen für ihn sein. Die Schriftstellerin und Brentano-Freundin Luise Hensel beispielsweise berichtete über diese spürbare Zuwendung: »Sie nimmt aus Liebe zu den Menschen teil an allem, was man ihr erzählt.«

Glaubenstiefe und Mitgift: Ihre Alltags-Bewährung zeigte sich beispielhaft an ihrer Zeit im Haus des Coesfelder Organisten Söntgen: Seit Jahren verspürte Anna Katharina Emmerick den dringenden Wunsch nach dem Ordensleben, versuchte ihn auch gegen den ausdrücklichen Willen ihrer Eltern zu verwirklichen. Bedrückt nahm sie wahr, wie für manche Oberin soziale Herkunft und Mitgift von Bewerberinnen mehr zählten als deren innere Bereitschaft. Mühevoll sparte Anna Katharina Emmerick deshalb vom bescheidenen Ertrag ihrer Schneiderarbeit, um auch den materiellen Maßstäben eines Ordens genügen zu können. Da bot sich eine glückliche Chance. Die Klarissen in Münster wollten sie aufnehmen, wenn sie denn Orgel spielen könne. Also legte Anna Katharina Emmerick Nadel und Faden beiseite und wechselte in den Haushalt des Organisten Söntgen.

Niederlage und Gewinn: Doch es kam anders: so sehr sie Gott im Ordensleben nahe sein mochte, er durchkreuzte ihre

Pläne. In den drei Jahren bei Söntgen sollte sie keine einzige Orgelpfeife zum Tönen bringen, dafür aber bis zur Erschöpfung Hausarbeit leisten, häufigen Streit in der Familie schlichten, aus ihrer zurückgelegten Leinwand Kleidung für Söntgens Kinder nähen und mit ihren Ersparnissen Söntgens Gläubiger besänftigen. Vordergründig hätte es kaum schlimmer kommen können: alles verloren, nichts erreicht. Die Klosterpforten für immer verschlossen? Nein, ausgerechnet jetzt öffneten sie sich. . .

Güte und Sanftmut: Anna Katharina Emmerick akzeptierte die Menschen in ihrem unmittelbaren Umfeld so wie sie waren: die sie demütigenden Mitschwestern im Kloster Agnetenberg, ihre Unfrieden stiftende Schwester Gertrud ebenso wie die lernbehinderte Maria Feldmann, die bei Anna Katharina Emmerick das Schneidern lernte. Maria Feldmann sagte nach ihrer Ausbildung voller Dankbarkeit über die im Alltag erfahrene Güte: »Ich hatte sehr große Zuneigung zu ihr, weil sie mir bei meinem langsamen Begriff mit der größten Sanftmut Unterricht erteilte.«

Zuhören und verändern: Anna Katharina Emmerick konnte zuhören, sie konnte Menschen verändern: ihren Hausarzt Dr. Franz Wilhelm Wesener zum Beispiel. Als der junge Mediziner und freisinnige Denker von den Wundmalen hörte, besuchte er Anna Katharina Emmerick rasch, um den spontan vermuteten Betrug nachzuweisen. Das Treffen veränderte sein Leben. . . . In vielen intensiven Gesprächen an ihrem Krankenbett entdeckte Wesener nicht nur den tief verschütteten eigenen Glauben wieder; er fand zu praktischer Nächstenliebe, half fortan unentgeltlich mittellosen Kranken und verwundeten Soldaten, setzte sich unermüdlich für die Pockenschutzimpfung ein – und das neben seinen Familienpflichten als Vater von 13 Kindern.

Sorgsam und sensibel: Anna Katharina Emmerick leistete in ihrem Alltag, was sie jeweils vermochte. Selbst schwer krank, nähte sie im Bett aus Stoffresten Hemden und Mützen für Kinder. Auch in der Krankheit verfiel sie nicht dem Fehlschluss, unnütz, überflüssig und nur noch hinderlich, für andere allenfalls belastend zu sein. Und selbst angesichts ihrer Schmerzen und ihrer eingeschränkten Bewegungsfreiheit behielt sie die Menschen in ihrer Umgebung mit ihren Sorgen und Bedürfnissen im Blick.

Besitz und Geltung: Anna Katharina Emmerick gewann eine innere Haltung zu Besitz und Geltung, die heute ebensolche Gültigkeit beanspruchen darf wie zu ihren Lebzeiten. Es war ein Montag, der 17. Mai 1813, als das Gespräch von Dr. Wesener mit Anna Katharina Emmerick in allgemeine Themen abschweifte, weil die Kranke »heiter und ruhig« war. Bald ging es um Reichtum und materielle Werte. Und Anna

Katharina Emmerick vertrat Auffassungen, die den Arzt beeindruckten: »Sie sagte, nicht der sei reich, der viel Geld und viele Güter habe, sondern der, welcher immer mehr nach Geld und Gütern trachte, der, dessen ganzes Herz am Geld hänge.« Diesen Maßstab sollten Christen unabhängig von der Größe ihres Besitzes an sich legen: Wie sehr halten mich die Gedanken an Geld gefangen?

Kontostand und Einstellung: Anna Katharina Emmerick nahm im Urteil über Besitz eine wichtige Unterscheidung vor: Nicht der Kontostand sage etwas darüber aus, wie sehr sich ein Mensch vom materiellen Streben bestimmen lasse, sondern seine innere Einstellung zum Besitz. Ein Reicher, der nach dem biblischen Bild vom Nadelöhr nicht in das Himmelreich gelangen kann, war für Anna Katharina Emmerick ein Mensch, »welcher seine Güter nicht recht anwendet, oder der immer danach trachtet, und sich immer ängstige, er habe nicht genug«. Sie bekräftigte ihre Überzeugung, die innere Haltung zum Geld sei ausschlaggebend. »Hiernach könne ein Mensch, der Tausende besitze, nicht reich sein, und einer, der nur einige Taler habe und sie bei sich bewahre und immer nach mehr geize, im biblischen Sinne reich sein«, notierte Wesener die Einstellung von Anna Katharina.

Schau und Entblößung: Eine große Versuchung hatte Anna Katharina Emmerick zu bestehen, als bekannt wurde, dass sie die Wundmale Christi trug. Jetzt hätte sie sich wichtig machen, ihre Person zur Schau stellen können, womöglich hätte sich daraus sogar Kapital schlagen lassen. Ihre Reaktion war ganz anders: Die Neugierigen, die Skeptiker, die Forscher vergrößerten ihr Leid. Zuweilen konnte Anna Katharina Emmerick hautnah nachfühlen, was die Passionsgeschichte ausdrückt, wenn sie auf Jesu Entwürdigung verweist, als er seiner »Kleider beraubt« wurde. Weil sie sich zurücknehmen wollte, empfand sie das öffentliche Interesse als Entblößung. Nicht anders, als sie zeitweise kaum noch feste Nahrung zu sich nehmen konnte: da ließ sie sich eigens »Schaugerichte« hinstellen, um Besucher von diesem ungewöhnlichen Umstand abzulenken.

Prüfung und Schwächen: Das Verhalten der kirchlichen Verantwortlichen bedeutete auch eine Prüfung für den Glauben von Anna Katharina Emmerick. Manche Untersuchung ihrer Wundmale verlief entwürdigend, manche Befragung feindselig. Als Generalvikar Clemens August Droste zu Vischering eine medizinische Überprüfung verlangte, brachen für die Kranke zehn Tage starker Schmerzen und angstvoller Verwirrung an – teilweise unter ständiger Bewachung durch fremde Männer. Beharrlich widerstand sie der Möglichkeit, die Wundmale als persönliche Auszeichnung zu sehen. Bescheiden verwies Anna Katharina Emmerick ihre persönlichen Vertrauten auf ihre Schwächen – selbst noch kurz vor ihrem Tod: »Ach, könnte ich nur auf den höchsten Turm steigen und der ganzen Welt zurufen, dass ich nichts bin als eine armselige Sünderin.«

Treue und Tugend: Anna Katharina Emmerick erfuhr ungeachtet aller schweren Prüfungen in ihrem Leben, was Bischof Reinhard Lettmann so umschreibt: »Gott ist treu und steht zu seiner Entscheidung, mit der er uns gewollt hat. Menschliche Treue hat ihren letzten Grund in der Treue Gottes.« Für diese Macht der Treue legte Anna Katharina Emmerick Zeugnis ab. Die weitere Charakterisierung dieser Treue im Glauben, wie Bischof Lettmann sie versteht, sagt zugleich viel über die Lebenseinstellung von Anna Katharina Emmerick aus: »Als stille Tugend lärmt sie nicht in den Medien und auf den Straßen und Märkten. Doch sie baut auf. Sie stiftet Vertrauen, schafft Verbindlichkeit und trägt Verantwortung.«

Halt und Gelingen: Letztlich lebte Anna Katharina Emmerick aus einem festen Halt in Gott heraus, der sie ebenso Widerstände durchstehen wie Krankheiten durchleiden ließ. Während viele ihrer Zeitgenossen nur noch formelhaft kirchliche Handlungen vollzogen oder in anderen Heilslehren Orientierung suchten, stand Anna Katharina Emmerick zu ihrer Glaubensentscheidung: »Welche Religion, welcher Philosoph kann uns so beruhigen wie diese?« In ihrem Glauben an den Gekreuzigten und Auferstandenen fand Anna Katharina Emmerick die entscheidenden Impulse, um ihren Weg gehen zu können, ihre persönliche Berufung zu leben – an ihrem Ort, mit ihren Möglichkeiten. Anna Katharina Emmerick nahm ihre ganz persönliche Lebensaufgabe so an, wie sie sie verstanden hatte. Diese Erfahrung gelingenden Lebens ungeachtet aller vordergründigen Gebrechlichkeit wollte sie auch anderen als Ermutigung schenken: »Allein lasst uns auf Gott vertrauen und uns an unsere Religion halten! Denn wirklich, gibt es wohl etwas Tröstlicheres auf Erden als diese?«

Was bedeutet Krankheits-Bewältigung?

Anspruch und Wunsch: Im modernen Sozialstaat können die Bürger Ansprüche erwerben, etwa mit Beiträgen in die Rentenkasse. Wofür wir zahlen, darauf haben wir Anspruch. Warum sollen wir uns noch etwas wünschen, wenn wir es verlangen können? Bei nicht wenigen Menschen wird das Anspruchsdenken zur bestimmenden Weltsicht: Da sie eine Ehe allenfalls mit dem Idealpartner akzeptieren, verlangen sie zuvor eine Partnerschaft auf Probe. Wenn sie einmal Ja zu einem Kind gesagt haben, dann wollen sie es auch angesichts von Schwierigkeiten und um jeden medizinischen Preis. Droht das Wunschkind aber behindert geboren zu werden, dann gilt das Ja plötzlich nichts mehr, dann scheint selbst eine Abtreibung vorstellbar.

Unbeschwert und leidfrei: Verbreitet ist der unausgesprochene Anspruch auf dauerhafte Gesundheit und einen ebenso schmerzlosen wie kurzen Tod. Kein Joggingprogramm ist zu stressig, keine Wellnesskur zu teuer, kein Aufbaupräparat zu ausgefallen, wenn es körperliche Attraktivität und Wohlbefinden verspricht. Eine Behinderung wird bei solcher Lebenseinstellung als Angriff auf das Vollkommenheits-Ideal verstanden; der Gedanke an den Tod wird ausgeklammert wie ein Termin, für den es noch keinen Kalender gibt.

Mangel und Schmerz: Wie anders lief das Leben von Anna Katharina ab! Zwar war sie in jungen Jahren leistungsfähig, doch die Rachitis aus der Kindheit zeichnete noch die Erwachsene; Mangelernährung und Schmerzen prägten ihre Züge. Krankheiten waren für sie nicht Episoden, sondern lebenslange Begleiter. Früh ließen Anna Katharinas Kräfte nach, zwang Schwäche sie ins Bett, bald schmerzte jede Bewegung. Für Medikamente fehlte ihr das Geld. Eine regelmäßige ärztliche Behandlung konnte sie sich nicht leisten; sie musste sie entgegennehmen, ohne sie bezahlen zu können.

Diesseits und Jenseits: Je mehr die Jenseitshoffnung bei den Menschen schwindet, umso stärker richten sich alle Erwartungen auf das Diesseitige: auf ein Leben in Wohlstand und Wohlbefinden. Soll die Erwartung lebenslanger Gesundheit und eines makellosen Körpers die verlorene Hoffnung auf ein Weiterleben nach dem Tod ersetzen? Leid kann bei einer solchen Lebenseinstellung nur sinnlos sein und verdient deshalb mit allen Mitteln vermieden zu werden. Wer gesundheitsbewusst lebt, glaubt nicht selten dadurch für sich Krankheiten ausgeschlossen zu haben. Angesichts dieser unerfüllbar hohen Ansprüche wird eine schwere Krankheit als Katastrophe erlebt, erscheint ein dauerndes Gebrechen unerträglich.

Auflehnung und Annahme: Können wir von Anna Katharina Emmerick lernen, mit eigenem Leid umzugehen? Zunächst einmal wünschte sich Anna Katharina Emmerick keineswegs zu leiden, auch nahm sie Krankheiten nicht als gottgegeben hin. Während ihrer Bettlägerigkeit haderte sie zuweilen heftig mit ihrem Schicksal. Gegenüber ihrem Hausarzt unterschied sie in ihrer Einstellung zum persönlichen Leid zwischen Stunden der Annahme und Stunden der Auflehnung, zwischen Zeiten des Gottvertrauens und Zeiten des Zweifels, ja der Verzweiflung. Dr. Wesener notierte über eine solche Situation: »›Ach, sagte sie, ehemals hatte ich ein so festes Vertrauen auf Gott, dass ich mich um kein Leiden, war es auch noch so heftig, betrübte. Ich dachte: Herr, es kommt von Deiner Hand, und dann war mein Mut wieder da. Jetzt aber, wo ich hier liege und mir selbst nicht helfen kann, jetzt betrübt mich alles.‹ Sie weinte.«

Kranke und Christus: Papst Johannes Paul II., dem die Schüsse eines Attentäters schwerstes Leid zugefügt haben und den die Parkinsonsche Krankheit zunehmend zeichnet, ruft eindringlich zum liebevollen Umgang mit kranken Menschen auf. Wer immer in den Kliniken, in Pflegeheimen oder in der eigenen Familie Kranke zu versorgen habe, der solle und dürfe in diesen Kranken »das Antlitz des leidenden und glorreichen Herrn erkennen«. Das verdeutlichte der Papst in seiner »Botschaft zum Welttag des Kranken« vom Februar 2003. Das klinische Personal ermunterte er, in seinem liebevollen Dienst aufscheinen zu lassen, »dass das Leben ein Geschenk Gottes und der Mensch nur Verwalter und Garant dieser Gabe ist«.

Niedergedrückt und aufgerichtet: Können wir ebenso von Anna Katharina Emmerick lernen, wie wir dem Leid anderer begegnen können? Sie hatte ein mitleidendes Herz und drückte dies einmal so aus: »Ich war krank vor Mitleid.« Mitleiden bedeutete für sie vor allem Mit-Leiden mit dem gequälten Jesus. Denn von dessen mitleidender Liebe zu den Menschen war sie tief überzeugt. Wer niedergedrückt ist, darf zu dem am Kreuz Aufgerichteten aufschauen. Leidenden Menschen den Gekreuzigten als Heiland nahezubringen, das beschreibt eine gläubige Haltung im Sinne von Anna Katharina Emmerick. Ein Beleg dafür, wie sehr sie sich vom Leid anderer anrühren, ja erschüttern ließ, war ihr Weinen. Nie schämte sich Anna Katharina Emmerick ihrer Tränen des Mitleids.

Leid und Trost: Anna Katharina Emmerick ließ fremden Schmerz an sich heran. Das Leid anderer ging ihr zu Herzen, mitfühlend wollte sie Gottes Liebe weiterschenken. Deshalb lebte sie mit dem leidenden Christus, deshalb litt sie mit Christus für gepeinigte und verzweifelte Menschen. Der Dichter Clemens Brentano sagte einmal über Anna Katharina Emmerick, sie sei »wie ein Kreuz am Wege«. Im Zeichen dieses Kreuzes wurde sie anderen zur Verkörperung der Liebe Gottes. Auch wenn der Körper der Bettlägerigen schwach wurde, wuchs die Kraft der Liebe in ihr. Dr. Wesener berichtete über die Begegnungen von Anna Katharina Emmerick mit verzweifelten Menschen: »Keiner ging ungetröstet von ihr.«

Kreuz und Gnade: Den körperlich und geistig Leidenden wünscht Papst Johannes Paul II. diese Erkenntnis Gottes: »Er beruft euch dazu, Zeugen für das Evangelium des Leidens zu sein, indem ihr voll Vertrauen und Liebe auf das Angesicht des Gekreuzigten schaut und eure Leiden den seinen hinzufügt.« Der Christ sei aufgerufen, »von der hoffnungsfrohen

Wahrheit des auferstandenen Christus Zeugnis zu geben, der die Wunden und Schmerzen der Menschheit, den Tod eingeschlossen, auf sich nimmt und sie in Angebote der Gnade und des Lebens verwandelt«. Was Papst Johannes Paul II. in der Nachfolge des gekreuzigten und auferstandenen Christus als sinnvolle Krankheits-Bewältigung beschreibt: Anna Katharina Emmerick hat sie beispielhaft vorgelebt.

Schwäche und Kraft: Anna Katharina Emmerick fühlte sich ihren Mitmenschen im Leiden besonders verbunden. Diese Glaubenshaltung sah sie geradezu als ihre Berufung an. Als sie fast bewegungsunfähig im Bett lag, vertraute sie ihrem langjährigen Hausarzt Dr. Wesener an: »In meiner frühesten Jugend schon habe ich Gott gebeten, dass er mir die Kraft verleihen wolle, meinen Mitmenschen zu dienen und nützlich zu sein, und ich weiß jetzt, dass er meine Bitte erfüllt hat.« Und sie fügte hinzu: »Indessen ist es gewiss, dass ich nicht allein für mich daliege und leide.« Leiden war für sie kein Anlass, wehleidig nur um sich zu kreisen. Bewusst akzeptierte sie das Leiden, und ebenso bewusst trug sie es mit Blick auf bemitleidenswerte Mitmenschen.

Auflehnung und Stellvertretung: Anna Katharina Emmerick hat Schmerz, Leid und Krankheit nicht gesucht, nie gewünscht. Wann immer die Schmerzen unerträglich wurden, hat sie sich gegen ihr Leid aufgelehnt, hat inständig Linderung erfleht. Aber ihr Glaube ist am Leid nicht zerbrochen. Ihr Glaube wurde vielmehr zur Kraft, das Leid zu tragen, ihre Krankheit anzunehmen. Den wachen Blick für den Nächsten vermochten auch die Schmerzen nicht zu trüben: Wie vielen Menschen hat die Kranke von ihrem Bett aus Trost zugesprochen und Mut gemacht! Schließlich vermochte Anna Katharina Emmerick es sogar, ihr Leid vor Gott zu tragen, damit es anderen Menschen zum Heil werde. Diese Kraft zum stellvertretenden Leiden fand sie offenbar im tiefen Verständnis der Nachfolge des gekreuzigten Christus, dessen Wundmale sie trug.

Gnade und Sinn: Anna Katharina Emmerick gelang damit die bewundernswerte Glaubenshaltung, ihr Leid in dem Bewusstsein zu tragen, auf diese Weise das Schicksal anderer Menschen erleichtern zu können. So bekannte sie einmal: »Ich habe es immer als eine besondere Gnade von Gott mir erbeten, dass ich für die leide und womöglich genugtue, die aus Irrtum oder Schwachheit auf dem Irrweg sind.« Leiden war für Anna Katharina Emmerick nicht sinnlos, auch wenn unerträgliche Schmerzen diese grundsätzliche Einsicht zuweilen auf eine harte Probe stellten. Ungeachtet mancher Prüfungen fand Anna Katharina Emmerick immer wieder zu der zuversichtlichen Erkenntnis, vor Gott habe ihre Krankheit, ihre körperliche Schwäche einen tiefen Sinn: »Ich weiß sehr gut, warum ich leide.«

Schmerz und Gebet: Ihre Schmerzen ertrug Anna Katharina Emmerick auch als Ausgleich für vielfältige Lieblosigkeit in der Welt. Sie akzeptierte ihre Krankheit im Blick auf andere Menschen, die verzweifelt, verbittert oder verblendet kein Vertrauen auf Gott setzten. Sie brachte in ihren Gebeten die Nöte anderer vor Gott. Ihr Arzt Dr. Wesener bestätigte ihre Haltung: »Die meisten Krankheiten nämlich waren freiwillige Übernahme der Leiden ihrer Freunde, die ihr ihren Kummer ausgeschüttet und sich in ihr Gebet empfohlen hatten.« Kann es eine intensivere Zuwendung zu hilfsbedürftigen Menschen geben, als für sie Leid zu ertragen und ihr Schicksal in sein Gebet einzuschließen?

Gelingen und Glück: Sein Leben lang von Schwäche gezeichnet zu sein, über Jahre nahezu bewegungsunfähig im Bett liegen zu müssen – für viele Menschen bedeutet dies eine fürchterliche Vorstellung. Mancher würde sogar von einem sinnlosen Leben sprechen. Darf man da fragen, ob Anna Katharina Emmerick glücklich lebte? Nach einem Besuch in Dülmen hat der Schriftsteller Achim von Arnim die Lebenshaltung von Anna Katharina Emmerick mit der des berühmten und weitgereisten Dichters Johann Wolfgang Goethe verglichen, der ein Vierteljahrhundert vor der Emmerick geboren wurde. Achim von Arnim erlebte beeindruckt die »fromme Seele in Dülmen, die bei steten unsäglichen Schmerzen bei den Kindermützen, die sie nähte, von tausend

Seligkeiten leuchtete, während Goethe in übergewöhnlicher Naturkraft mit zornigem Auge durchs Fenster sah und über die kimmerischen Nächte klagte«. Im Wort Glück steckt die Wurzel Gelingen. In diesem Sinne führte Anna Katharina Emmerick ein gelungenes Leben aus dem Glauben.

Was bedeutet Eucharistie-Verehrung?

Sehnsucht und Gewohnheit: Kennen heutige Christen eine Sehnsucht nach dem Empfang der Eucharistie? Droht das Besondere dieses Geschehens in der Normalität der Wiederholung verloren zu gehen? Entspricht die Vorbereitung auf den Empfang des Leibes Christi der hohen Bedeutung dieses Sakraments? Diese Fragen verdienen ehrliche Antworten, die dem Rang des Sakraments entsprechen. Anna Katharina Emmerick hat einmal die mangelnde Wertschätzung der Eucharistie von Priestern und Gläubigen kritisiert: »Wir haben die Gnade und achten sie nicht.«

Würde und Ehrfurcht: Bischof Reinhard Lettmann bemüht sich, das Verständnis für die Bedeutung der Eucharistie zu vertiefen. Als Ausdruck einer angemessenen Haltung versteht der Bischof zum Beispiel »die eucharistische Nüchternheit, den Empfang der Eucharistie mit dem Mund, das ehrfürchtige Hinhalten der Hände, den würdigen Gang zur heiligen Kommunion, den knienden Empfang an der Kommunionbank, das ehrfürchtige Stehen in gläubiger Bereitschaft und Offenheit, die Kniebeuge, mit der Priester und Gläubige den gegenwärtigen Herrn verehren«. Zwar zeigt Bischof Lettmann Verständnis dafür, wenn alte Formen der Verehrung aufgegeben und neue geschaffen werden, »nur darf es nicht dahin kommen, dass wir alle sinnenfälligen Formen der Ehrfurcht und Anbetung preisgeben«.

Kirche und Eucharistie: In seiner Enzyklika »Ecclesia de Eucharistia« zum Gründonnerstag des Jahres 2003 über die Eucharistie in ihrem Verhältnis zur Kirche hat Papst Johannes Paul II. das Sakrament der Eucharistie als kostbarste Gabe, als »die Gabe schlechthin« gewürdigt, die Jesus der Kirche geschenkt habe – sich selbst. »Die Kirche lebt vom eucharistischen Christus.« In der Eucharistie zeige Jesus »eine Liebe, die kein Maß« kenne. »Mit der Eucharistie nehmen wir das ›Geheimnis‹ der Auferstehung in uns auf.« Die Eucharistie stellt sich für Johannes Paul II. »als Quelle und zugleich als Höhepunkt der ganzen Evangelisation dar, da ihr Ziel die Gemeinschaft der Menschen mit Christus und in ihm mit dem Vater und dem Heiligen Geist ist«.

Zeitmaß und Rhythmus: Anna Katharina Emmerick lebte in der vom Papst beschriebenen tiefen Sehnsucht nach dem eucharistischen Brot, weil für sie die gewandelte Hostie die unmittelbare Nähe Gottes bedeutete. Zuweilen gliederte der Kommunionempfang sogar ihren Tagesrhythmus. Darüber berichtete sie: »Vor meinem Eingang ins Kloster teilte ich die Zeit von der einen Kommunion zur anderen und verwendete die erste Hälfte zur Danksagung, die zweite zur Vorbereitung auf die nächste Kommunion.« Der Empfang der Eucharistie wurde für sie geradezu ein Zeitmaß – ein ihr Leben prägender Vorgang.

Mitte und Motor: Noch auf andere Weise wird das innige eucharistische Verständnis von Anna Katharina Emmerick anschaulich: »Jetzt bitte ich Gott den Heiland, dass er mir sein Herz geben wolle, um ihn darin zu empfangen. Nur dies könnte ihn würdig aufnehmen und ihn lieben und loben, wie er es verdient. Dafür möchte er mein Herz wieder nehmen und damit machen, was er wollte.« Anna Katharina Emmerick lud Christus in ihr Herz, wünschte sich den Auferstandenen als ihren persönlichen Impulsgeber, ihren Lebensmotor. Er sollte sie bewegen, er sollte von ihr ausstrahlen auf ihre Umgebung, er sollte durch sie andere aufrichten und erfreuen helfen.

Kraftlos und kraftvoll: Wie sehr der Empfang der Eucharistie Stärkung für Anna Katharina Emmerick bedeutete, belegen zwei Episoden aus dem Jahr 1814. Am Ostersonntag berichtete Anna Katharina Emmerick ihrem Arzt, »sie habe die

Nacht nicht geschlafen, sei aber doch so schwach und unvermögend gewesen, dass sie ihre Gedanken nicht habe sammeln und zu Gott erheben können«. Ihr Befinden habe sich aber grundlegend geändert, nachdem sie die Eucharistie empfangen habe. Da sei »wieder neues Leben in ihr aufgegangen«. Der behandelnde Arzt Dr. Wesener bestätigte die aufrichtende Wirkung des Sakraments: »Sie befand sich sehr wohl und war mit Beten in einem Buch beschäftigt.« Eine ähnliche Wirkung des Empfangs der Eucharistie beobachtete der Arzt am 24. September 1814, nachdem Anna Katharina Emmerick zwei Tage lang nicht kommuniziert hatte. Schnell habe sich »das totenblasse Gesicht gerötet, der Puls habe sich gehoben«.

Befremden und Neid: Ihr Wunsch nach täglichem Kommunionempfang führte im Kloster zu Spannungen, er löste Befremden und Neid aus. Offen wurde ihr von Mitschwestern »Scheinheiligkeit« vorgeworfen. Auch dieser Anschuldigungen wegen empfand sich Anna Katharina Emmerick vielfach unwürdig für den Empfang des Leibes Christi. Im Gebet durchlitt sie diese »geistliche Dürre« und empfand anschließend »ein so brennendes Verlangen nach der heiligen Kommunion«, dass ihr das Warten darauf äußerst schwer fiel. Trotzdem wollte sie ihren häufigen Eucharistie-Empfang nicht zur Demonstration machen, nicht zum Herausstellen der eigenen Person entwerten. Deshalb suchte sie mit ihrem

Beichtvater eine unauffällige Lösung und kommunizierte fortan frühmorgens, bevor ihre Mitschwestern aufstanden.

Verborgen und nahe: Auch außerhalb des Gottesdienstes nahm Anna Katharina Emmerick die Eucharistie als Quelle der Heiligkeit wahr. Am 4. Juni 1817 machte Pater Limberg bei Anna Katharina Emmerick einen Besuch und trug die Eucharistie bei sich, ohne dass die Kranke dies wissen konnte: »Als ich in die Tür trat, sah ich sie noch liegen; sogleich aber richtete sie sich mit großer Hast und Anstrengung auf, breitete die Arme aus und setzte sich auf die Knie.« Als Limberg nach dem Grund fragte, wies Anna Katharina Emmerick auf die Jackentasche des Priesters und sagte bestimmt: »Da kommt mein Herr Jesu mit dem Tabernakel zu mir.« Eindrucksvoll bestätigt diese Episode Emmericks Glauben an die Realpräsenz, an die Gegenwart Christi im eucharistischen Brot, und ihr waches Gespür für die Nähe des Allerheiligsten auch außerhalb der Eucharistiefeier.

Vertiefen und aussöhnen: Papst Johannes Paul II. sieht in der Verehrung der Eucharistie außerhalb der Messe »einen unschätzbaren Wert für das Leben der Kirche« und eine Chance für die Gläubigen, »an der Quelle der Gnade selbst zu schöpfen«. Für Bischof Lettmann stärkt das Gebet vor dem Allerheiligsten die Zugehörigkeit zu Gott: »Die Anbetung lässt uns vertrauter werden mit Gott. Wir vernehmen seine

Sprache, wir hören sein Wort, wir sprechen mit ihm in der Sprache des Herzens.« Zudem ermögliche das Versenken vor der Monstranz oder die Teilnahme an einer Sakraments-Prozession, »dass wir uns aussöhnen mit unserer Begrenztheit und mit unserem Schatten«. Als Ordensfrau schätzte Anna Katharina Emmerick feste Gebetszeiten. Sie nannte das regelmäßige Stillwerden vor Gott »Tagzeiten« – nicht anders als ein durch Morgen oder Abend vorgegebenes Lebensmaß.

Tagzeiten und Mystik: Anna Katharina Emmerick besaß die seltene Gabe der Mystik, einer intensiven persönlichen Gotteserfahrung. Tief in ihr Gebet versunken, schaute sie die Wirklichkeit hinter den Dingen. Von einer übernatürlichen Erfahrung berichtete sie: »Da sah ich auf einmal das Kreuz da unten am Bettpfosten. . . mit einem hellen roten Schein umgeben. Ich war bei guter Vernunft und dachte, ist das Einbildung? Darauf fuhr ich fort, meine Tagzeiten zu beten. Aber es ging nicht. Der Schein blendete mich doch. . .« Betend lebte sie in der Gegenwart ihrer kleinen Welt; betend lebte sie auch in der Gegenwart Gottes.

Berufung und Gebet: Für den Papst ist die Eucharistie »Mitte des Lebens und des Amtes der Priester«. Um priesterlichen Nachwuchs sorgen sich besonders solche Gläubige, die das Allerheiligste verehren. Anna Katharina Emmerick litt darunter, wenn Priester ihren Dienst würdelos ausübten. Bei der Fronleichnamsprozession 1819 in Dülmen sagte sie »unter Schluchzen« ihrem Arzt Dr. Wesener: »Hätten wir Priester, wie sie sein sollten, so hätten wir auch Christen, wie sie sein sollten.« Das Gebet der Emmerick um würdige Priester findet nach dem Wunsch des Papstes durch »das Gebet um Berufungen in der Eucharistie die höchste Einheit mit dem Gebet Christi des Ewigen Hohenpriesters«. Der Mangel an Priestern für den eucharistischen Dienst müsse die Christen »drängen, mit größerem Eifer zu beten, dass der Herr Arbeiter in seine Ernte sendet«.

Für ein Gebet um Berufungen eignet sich das Gesätz über »Die Einsetzung der Eucharistie« der neuen »Lichtreichen Geheimnisse« des Rosenkranzes.

Besonderheiten einer reichen Biografie

Visionen und Wundmale: Die vorausgehende Darstellung wollte bewusst drei Glaubenshaltungen von Anna Katharina Emmerick herausstellen. Andere Aspekte dieses vorbildlichen Christenlebens blieben deshalb nur angedeutet. Die hervorragende Darstellung von Günter Scholz »Anna Katharina Emmerick. Kötterstochter und Mystikerin« (Aschendorff-Taschenbuch) eröffnet einen faszinierenden Blick auf die gesamte Persönlichkeit. Zwei Besonderheiten ihrer Biografie haben vor allem das traditionelle Bild dieser außergewöhnlichen Frau geprägt und sollen nun kurz beleuchtet werden: ihre Visionen und ihre Wundmale.

Tiefe und Innerlichkeit: Anna Katharina Emmerick hatte biblische Visionen. Sie durchlebte Szenen aus der Heiligen Schrift, als sei sie selbst am Ort des Geschehens. Für Bischof Reinhard Lettmann wurzelt ihr Glaube in seelischer Tiefe und Innerlichkeit. Sie gebe damit heutigen Menschen ein Beispiel, wie der Glaube Tiefe und Fülle gewinnen könne: »Anna Katharina Emmerick zeigt uns, wie wir den Raum des Innen füllen können: mit den kostbaren Erzählungen der Heiligen Schrift, vor allem der Evangelien, mit der Geschichte Jesu.« Für sie setzte sich die Bibel nie aus toten Buchstaben zusammen; immer war sie ihr lebendig, gab sie ihr Anlass zum unmittelbaren Erleben, bedeutete ihr die Heilige Schrift persönliches Glaubens-Geschehen.

Güte und Fülle: Anna Katharina Emmerick trug die Wundmale Jesu. Zudem kam sie über längere Lebensphasen mit sehr wenig Nahrung aus. Seit ihrer Kindheit übte das berühmte Coesfelder Kreuz eine prägende Wirkung auf sie aus. Das zur rechten Schulter geneigte Haupt des ypsilonförmigen Kreuzes strahlt ungeachtet allen Schmerzes tiefe Güte aus. Selbst in unerträglichem Leid bleibt der Gekreuzigte den Menschen zugewandt. Diese Kreuzesverehrung der Anna Katharina Emmerick führt nach Einschätzung von Bischof Lettmann in die Mitte des Glaubens: »Wie Jesus Gemeinschaft hat mit uns Menschen bis hinein in das Leiden und den Tod, so schenkt er uns Gemeinschaft mit sich in der Auferstehung und in der Fülle des Lebens.«

Unerklärliches und Erklärungszwang: Sowohl die Visionen als auch die Wundmale von Anna Katharina Emmerick bildeten eine Herausforderung für ihre Zeitgenossen, einen scharfen Kontrast zur nüchtern-realistischen Weltsicht der aufgeklärten Intellektuellen ihrer Zeit. Das ist auch in unseren Tagen nicht anders: viele Menschen setzen sich bei existenziellen Fragen unter einen Erklärungszwang, der nichts Unerklärliches zulässt. Aber selbst wem der Zugang zu geheimnisvollen Vorgängen wie Wundmalen und Visionen versperrt bleibt, kann zur lohnenden Begegnung mit Anna Katharina Emmerick finden. Denn ihre glaubwürdige Nachfolge Christi verdient eine Beschäftigung mit Anna Katharina Emmerick.

Befremdend und sperrig: Das Unerklärliche der Wundmale und das Unbeschreibliche der visionären Schau muss deshalb keineswegs am Anfang einer Beschäftigung mit Anna Katharina Emmerick stehen. Aber wer sich unbefangen und intensiv mit dieser gläubigen Frau befasst, für den verlieren die geheimnisvollen Gesichtspunkte nach und nach das befremdend Andere und ihre störende Sperrigkeit. In der persönlichen Begegnung mit Anna Katharina Emmerick ging ihr Arzt Dr. Wesener den Weg vom Zweifelnden zum Glaubenden. »Meine Erfahrung sagte mir über dergleichen Zustände nichts«, notierte er in seinem Tagebuch, »und meine Erwartung, durch einen imposanten Eingriff einem entlarvenden Fanatismus die Maske abzuziehen, war gescheitert.« Selbst bei wachsender Sympathie verlor der Mediziner nie seine wache Beobachtungsgabe. »Oft, sehr oft«, erinnerte er sich, »schöpfte ich Verdacht aus einzelnen kleinen Beobachtungen, aber immer fand ich ihn unbegründet.«

Was bedeutet Gemeinschaft der Heiligen?

Verstorbene und Lebende: Am Fest Allerheiligen hören wir zuweilen diesen Gedanken: Wir sind Heilige, denn die Kirche ist die Gemeinschaft der Heiligen. Diese »Communio« umfasst Gläubige aller Völker und Zeiten: die uns im Tod zu Gott Vorausgegangenen ebenso wie die lebenden Christen – alle bilden den einen Leib Christi. Darum schließen wir die Verstorbenen in unser Gebet ein; darum rufen wir Heilige als Fürsprecher an, etwa im Hochgebet bei der Eucharistiefeier.

Eintreten und unterstützen: Das Konzil betont die enge Verbundenheit der Heiligen mit den Lebenden: »Dadurch, dass die, die im Himmel sind, inniger mit Christus vereint

werden, festigen sie die ganze Kirche stärker in der Heiligkeit.« Die Lebenden dürfen sicher sein, dass die Heiligen
nicht aufhören, »beim Vater für uns einzutreten«. Einzelne
haben sogar zu Lebzeiten ihre Stärkung zugesagt. Dominikus
etwa verabschiedete sich von seinen Ordensbrüdern: »Weint
nicht, nach meinem Tod werde ich euch mehr nützen und
euch wirksamer unterstützen als während meines Lebens.«

Regionen und Gemeinschaften: Um »die Lebendigkeit der
Ortskirchen« zu fördern, hat Papst Johannes Paul II. zahllose
Menschen selig gesprochen, die für einzelne Regionen und
Gemeinschaften besondere Bedeutung haben – darunter
Karl Leisner, Edith Stein oder Schwester M. Euthymia und
am 3. Oktober 2004 Anna Katharina Emmerick.

Schwäche und Stärke: Die neue Selige ist vordergründig eine schwache Frau: als Kind mangelernährt, in armen Verhältnissen aufgewachsen, mit spärlicher Schulbildung, im
Kloster eine Dienstmagd, über Jahre chronisch krank. Ihre innere Kraft wächst aus ihrem Glauben an den liebenden Va-
ter-Gott, der ihr in der Eucharistie nahe ist. Ihre Zuversicht
im Leid wächst aus ihrer Verbundenheit mit Christus, der
größte Schmerzen mit den Menschen teilt. Ihre Ausstrahlung auf Trostsuchende wächst aus ihrer beharrlichen Bereitschaft im Alltag, nach Möglichkeit den Mitmenschen beizu-
stehen – seien diese Möglichkeiten auch noch so begrenzt.

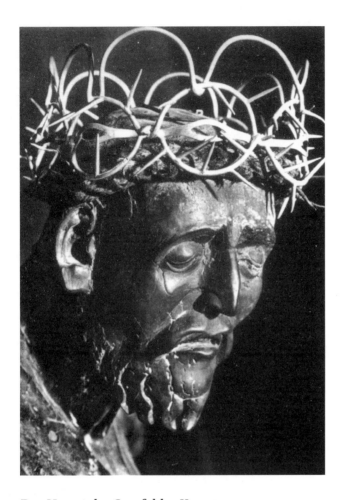

Das Haupt des Coesfelder Kreuzes
mit einer aus Metall gewundenen Dornenkrone

Anna Katharina Emmerick in einer Federzeichnung
des Dichters Clemens Brentano –
vielleicht mit Selbstbildnis des Dichters

Das Autorenteam

Dr. Reinhard Lettmann ist Bischof des Bistums Münster.

Markus Nolte ist Verantwortlicher Redakteur der Bistumszeitung »Kirche+Leben«.

Dr. Heinrich Mussinghoff ist Bischof des Bistums Aachen. Er
wurde in Osterwick nahe Coesfeld geboren, ging in Coesfeld
zum Gymnasium und war von 1981 bis 1995 als Offizial Leiter
des Diözesangerichts Münster.

Michael Bönte ist Reporter des Internet-Magazins »kirchen-
site – online mit dem Bistum Münster«.

Peter Nienhaus ist Pfarrer der Pfarrei Heilig Kreuz Dülmen.
In der Krypta der Heilig-Kreuz-Kirche ist das Grab der Seligen.

Schwester M. Elisabeth Siegbert vom Orden Unserer Lieben
Frau ist Pastoralreferentin in der Pfarrei Heilig Kreuz Müns-
ter. Sie war zeitweise in Coesfeld-Goxel nahe dem Emmerick-
Geburtshaus tätig.

Johannes Hammans ist Pfarrer der Anna-Katharina-Gemeinde Coesfeld und Dechant des Dekanats Coesfeld. In seiner Pfarrei liegt das Geburtshaus der Seligen.

Dr. Hans-Josef Joest ist Chefredakteur der Bistumszeitung »Kirche+Leben« und des Internet-Magazins »kirchesite« sowie Geschäftsführer des dialogverlag Münster.